Alejandro López García

# EL CINCO

## CINCO CONCEPTOS PARA VIVIR MEJOR

El Cinco. Cinco conceptos para vivir mejor
Autor: Alejandro López García
BLB CONSULTORES REGISTRALES E HIPOTECARIOS S.L.
NIF.: B86927563
Exit Editorial es un sello registrado de BLB CONSULTORES S.L.
Calle Chopos, 31, 28221 Majadahonda
Teléfono: 616985408 / 673 161 172
Email: comunicacion@exitcomunicacion.com
Página Web: www.exitcomunicacion.com

Depósito legal: M-13211-2024
ISBN: 978-84-128076-5-3
Impreso en España

Manual básico del funcionamiento de la persona

# ÍNDICE

# Prólogo

Desde que tengo conciencia de mis Emociones siempre he querido tener una "Guía Práctica" para gestionarlas de la mejor manera posible.

¡¡¡Y al fin la he encontrado!!!

El Cinco, es esa guía que ansiamos. Es como aprender a cocinar sabiendo que ingredientes necesitamos, como tienen que mezclarse y cuáles son los tiempos que utilizar.

Se trata de un "Manual de Psicología Practica" con un Gran Objetivo que queremos alcanzar todos los Seres Humanos: **Vivir Mejor.**

Siempre he defendido el Concepto de Plenitud frente al de **Felicidad,** ya que me parece más acorde con como gestionamos nuestra Vida para alcanzar ese estado de **Bienestar Personal** que tanto ansiamos.

Todo lo que nos pasa, como bien dice el Autor, mi buen amigo Alejandro, lo "vivimos interiormente". ¡¡¡Y cada uno a nuestra manera!!!

Por eso se trata de gestionar los "estados internos" de lo que nos ocurre en lugar de evitarlos ¡¡¡Qué Gran Aprendizaje!!!

Si la gran utilidad de este libro es **Mejorar nuestra Vida**, debemos indagar en como encontrar esa **Paz Interior** que tanto necesitamos para vivir una **Vida Plena y Equilibrada.**

Como afirma rotundamente Alejandro en el libro *"es la Emoción la que determina el Pensamiento".*

La mente quiere tener todo bajo control. El cerebro no quiere tu felicidad, lo que desea es Sobrevivir. Dos grandes reflexiones para no dar el control a nuestra mente.

Como bien dice Alejandro *"la Mente es un intermediario que quiere dar significado al Mundo"*. Y al ser esto así ¿Quieres dejar que tu vida la controle un Intermediario? ¿O prefieres tener tú el control?

Según vas avanzando en la lectura del libro reconozco que algunos descubrimientos me han dejado KO y con ganas de indagar más. Esto es lo jugoso del libro, que quieres seguir aprendiendo sobre cómo gestionar tus emociones para mejorar tu día a día.

El saber que las emociones son "explosiones químicas" intensas que emite nuestro organismo me hace meditar sobre la importancia de la Química en nuestro cuerpo. Creo que he descubierto que somos "Seres Químicos" y por eso el impacto de lo que pasa por dentro y lo que metemos desde fuera a nuestro cuerpo para producir la "Reacción Química" esperada para tener Bienestar. ¡¡¡Ojo no estoy animando al consumo de sustancias (legales o ilegales)!!! La reflexión es como ese consumo generalizado y aceptado socialmente nos impacta en nuestra Vida.

Si hay alguna Conclusión Poderosa es la que Alejandro hace sobre lo **Interior y Exterior.** Afirma en un momento del libro lo siguiente: *"Todo suceso exterior tiene un impacto interior"*. Y es así como debemos afrontar primero lo Interior (como nos sentimos, que nos ha pasado, que nos hace sentir así…) para afrontar lo exterior (las consecuencias de lo pasado, lo que voy a hacer con ello…).

La enseñanza sobre el **Porque** me siento así y como puedo gestionarlo es uno de los grandes regalos que me llevo de este libro.

¡¡¡Y encima Alejandro lo ilustra con ejemplos clarificadores!!! Son cosas que nos pueden acontecer en nuestra vida diaria y que nos hace entender cómo afrontar situaciones similares para poder "ganar el partido" (uno que es del Atleti desde que nació acepta esta gran ilustración muy bien).

Y cuando llegue a la parte de **"Construcción de imágenes"** que hacemos para interpretar lo que nos pasa, me quede noqueado. Es cuando dije en

voz alta: *"Ahhhhhhhh, ahora ya sé lo que me pasa"*. Me sentí como cuando San Pablo se cayó del caballo (si no sabes de que te hablo ponlo un buscador inteligente para ver qué gran analogía acabo de hacer).

Y para dejarme aún más en shock Alejandro descubre que tenemos un **"software adicional"**. ¡¡¡Toma ya!!! ¡¡¡Esta la intuía, pero no me la esperaba!!!

Y la ilustración formativa de Gran Aprendizaje viene cuando incluye "imágenes" clarificadoras sobre las **Relaciones, Éxito Social, Equilibrio personal y Manual de Vida.** ¡¡¡Como disfrute ese ratito de lectura!!! Afirmar que fue algo parecido a una buena comida (los que nos gusta comer bien sabemos que esta analogía es un elogio al autor) o tener relaciones sexuales (gustirrinín incluido) no me parece exagerado. Por eso te animo querido lector que disfrutes de ese ratito para descubrir cosas sobre tu Vida.

Y cuando ya parecía que no podía obtener más "placer de lectura" viene el apartado de los **Automatismos** que vienen relacionados con los **"Hábitos Psicológicos Condicionados"**, donde el autor, en un afán por no meter muchas palabras en el libro que haga que pese más de lo debido resume a partir de ese momento como **HC** (que si hubiera sido HP a mí me viene una marca de impresora o un insulto universal).

Reflexionar que como Seres Vivos somos ¡¡¡**Autómatas Programados!!!** me hizo sentir como un Robot. Menos mal que el autor aclara que solo es una parte de nuestro Ser. Y atisba la esperanza de la **Reprogramación** para así no ser **Reactivos** todo el tiempo. ¡¡¡Luz para la Salvación!!! ¡¡¡Aleluya!!!

Según vas avanzando en esta "Aventura del Descubrimiento" (es lo que me ha salido como emoción) empiezas a ver frases impactantes que quizás sabías, pero no habías calculado sus consecuencias. Una de ellas es la afirmación de **Wilder Penfield,** un experto y reconocido neurocirujano, que descubrió que *"nuestro cerebro es una grabadora de Alta Fidelidad"*. Y poder saber que esas "grabaciones" pueden "salir" en cualquier momento en forma de emociones que podemos vivir con la misma intensidad como lo hicimos cuando la experimentamos en el pasado, hace que entendamos como nuestro "disco duro" está ahí para activarse en cualquier momento. Si esto te ha parecido suficiente, como decían en los "Dibujos Animados" de mi época *"No se vayan todavía, aún hay más"*.

La Figura del **Yo Observador** para **"Desautomatizar lo Automático"** es una de las herramientas que deberíamos practicar de manera cotidiana en nuestro acontecer diario.

El poder **Calmarse** a través del **Autocontrol Emocional y Conductual** es uno de los mayores obsequios que nos hace Alejandro en este libro.

Esa "Santísima Trinidad" que el autor relata con el **Adulto** (Observador), el **Niño** (lo aprendido en nuestra infancia) y el **Padre** (Lo aprendido por los demás, sobre todo nuestros progenitores, y que hemos aceptado en nuestra vida) resuelve mucho de los "conflictos interiores" que las Personas tenemos en muchas ocasiones.

Yo casi siempre he escogido mi **Comportamiento** como **Niño**. El deseo de Jugar, divertirse, disfrutar e ilusionarme (por eso soy un Iluso, porque tengo ilusiones) ha permanecido en mi Vida para aportarme **Equilibrio emocional.**

No quiero olvidarme de los contundentes datos que hace Alejandro sobre la importancia del **Humor** en nuestra Vida. Uno que lleva hablando sobre el gran impacto del **Humor** tanto en la vida personal como en la profesional, le produce Gran Satisfacción (casi gustito sexual) el leer esos datos en un libro tan bueno como el del autor. Los añado aquí brevemente con mis comentarios. Los que practican el **Sentido del Humor** en sus vidas tienen los siguientes beneficios:

- 40 % menos de sufrir infartos ¡¡¡El corazón va como un reloj y te agobias menos!!!
- Tienen menos dolor de cirugía dental ¿De dónde se habrá sacado el autor este dato? Ahora voy al dentista más tranquilo y seguro de que no voy a sentir dolor

- Viven 4,5 años más de media ¡¡¡Y encima lo hacen desc…quiero decir "muertos de risa" y disfrutando de la vida!!!

Si eres un afortunado que tienes en tus manos (o en tu pantalla electrónica) este libro. Siéntate, disfruta, busca un sitio con poco ruido, y sobre todo ten a mano algo para anotar (bloc o aparato electrónico) para poder aplicar a tu vida las **Herramientas** que el autor te ofrece de manera generosa en este estupendo libro. Y si quieres subrayar el libro (procura no hacerlo con la pantalla que puedes fastidiarla) no olvides señalar las páginas donde te llevas algo importante para tu Vida para repasar esos aprendizajes de manera constante en el tiempo.

Solo queda agradecerle a Alejandro su fastuoso altruismo por compartir algo con el resto de los Mortales. Es un honor y un orgullo haberte conocido y que me pidieras que escribiera este Prologo.

¡¡¡Seguimos avanzando!!!

**Angel Largo**
**Ceo de HUDIPRO (Humor Diversión y Productividad)**
**Ser Humano que quiere vivir en Plenitud**

# EL CINCO

## MI AGRADECIMIENTO

*A todas las personas que me han permitido
equivocarme tanto durante tanto tiempo.*

# Introducción

## Las inquietudes

El motivo que me ha llevado a escribir este libro es, en primer lugar, que quiero ayudarte y, en segundo lugar, que estoy convencido de que puedo ayudarte. Ya lo he hecho antes con muchas personas durante el ejercicio de mi profesión como psicólogo desde el año 2001, por lo tanto, te hablo desde la experiencia directa.

Nos beneficiamos de los grandes descubrimientos de la humanidad de forma sencilla y cotidiana. Piénsalo: controlas la electricidad con un dedo..., también las ondas microondas..., te desplazas con facilidad a 100 km/h..., fíjate con qué poco esfuerzo te hacen una radiografía... Estos y otros muchos avances de la ciencia se han incorporado a nuestra existencia, facilitándonos la vida.

¿Y la psicología? ¿Cómo nos beneficiamos de ella? ¿Cómo están incorporados los avances de esta ciencia en nuestra vida cotidiana? ¿De qué forma nos permiten vivir mejor de manera inmediata y sencilla, como la luz eléctrica o la nevera? Pues me temo que, hasta el momento, de poca. Y un conocimiento que no puede transformarse en una **experiencia** que mejore nuestra vida de poco sirve, la verdad.

Hoy en día, además, parece ser que necesitamos más que nunca la psicología en nuestras vidas. La hiperexigencia social a la que cada vez con más intensidad estamos sometidos, junto con la hiperconectividad, hace que haya crecido la frecuencia de los trastornos psicológicos. Y parece que con mayor intensidad se ha recrudecido tras la pandemia de COVID-19 comenzada en 2020. No obstante, todavía el sistema público de salud no es capaz de dar una respuesta adecuada a estas necesidades y muchas personas no tienen acceso a la psicoterapia, unas veces por cuestiones económicas y otras por simple desconocimiento.

*El Cinco* es, en definitiva, una propuesta para **vivir mejor**. Es un método de autocontrol emocional para mejorar nuestra calidad de vida. Algo que en nuestra cultura nadie nos enseñó de niños, pero que siempre estamos a tiempo de aprender para ser personas más completas.

## La solución

El libro está dividido en dos partes diseñadas de manera que puedan ser leídas de forma independiente.

La primera parte está dedicada a exponer, de manera sencilla, los fundamentos de la psicología humana para arrojar un poco de luz sobre los procesos que ocurren en nuestra mente. Es importante entender cómo funciona este superordenador que tenemos encima de la cabeza para aprender a manejarlo, ya que, si no, nos manejará él a nosotros..., y eso, te aseguro que no es una buena idea. En este sentido, contaremos con un **manual de funcionamiento.**

La segunda parte se dedica a desarrollar el **Método el Cinco**, denominado así porque consiste en la interiorización de **cinco conceptos básicos y cinco técnicas** que, manejados adecuadamente, nos ayudarán a vivir mejor y a superar situaciones de malestar emocional. El libro tiene un sentido eminentemente práctico, por eso encontrarás al final de cada apartado unos cuadros-resumen y otros sobre cómo aplicar cada concepto o técnica. Es muy importante que lo hagas como se indica, igual que han hecho antes que tú muchas personas con éxito.

Además, te propongo dos planes de trabajo diario para que puedas comenzar la práctica sin excusas del tipo "no sé por dónde empezar" y te explico cómo afrontar dos de los problemas más frecuentemente vistos en las consultas de psicología: la ansiedad y las rupturas de pareja.

Básicamente, se trata de cambiar la manera en que nos relacionamos con nuestra experiencia interna para que ésta, a su vez, cambie. Por "experiencia interna" me refiero a nuestras emociones, pensamientos y creencias. Gran parte de nuestro comportamiento está dirigido por una serie de **hábitos**

**psicológicos** que conllevan formas de pensar, sentir y comportarnos automatizadas que, en no pocas ocasiones, provocan malestar y sufrimiento. A nosotros, a otras personas o a ambos.

Las técnicas desarrolladas provienen de las escuelas de psicología que se han demostrado más eficaces en este último siglo para mejorar la vida de las personas. Se trata de procedimientos contrastados.

## ¿Por qué yo?

Después de más de veinte años de ejercicio de la psicoterapia y de haber tratado a miles de pacientes, todavía me sorprende el poco conocimiento que tiene la población general acerca de cómo la psicología puede ayudarles a vivir mejor, a tener más salud mental, a lograr sus objetivos con mayor probabilidad o superar desajustes emocionales.

Veo con asombro cómo las personas recurren a todo tipo de soluciones totalmente inadecuadas (a veces "mágicas", cuando no directamente pueriles o fraudulentas) para tratar de mitigar su malestar emocional o, simplemente, han renunciado a toda posibilidad de mejora y se conforman con unos niveles muy pobres de salud emocional y de logro personal.

He ayudado a muchas personas a mejorar sus vidas siempre desde la óptica de la psicología científica, que es mi disciplina. Técnicas y orientaciones como la psicología cognitiva, el análisis conciliatorio, la psicología conductista o la inteligencia emocional, todas ellas contrastadas y sometidas al rigor del conocimiento científico.

También he ejercido en estos últimos veinte años como formador y consultor, desarrollando cursos y talleres para el control del estrés, la mejora personal o técnicas de comunicación.

¿De qué me ha servido toda esta experiencia? Pues para darme cuenta de varias cosas:

1. **El cambio es posible.** No es fácil pero tampoco es algo muy difícil al alcance de muy pocos. Depende del compromiso con la práctica. Ya sabes, si quieres resultados distintos…

2. Si el psicólogo encuentra los recursos comunicativos adecuados y una buena presentación del material, se favorece mucho el éxito del proceso.

3. Mucha gente busca "fórmulas mágicas", algo rápido que obre una especie de milagro o iluminación, como ver vídeos motivadores o leer unos cuantos libros, pero sin realizar el más mínimo esfuerzo.

4. Otro grupo directamente adopta una actitud cínica: "la gente no cambia", "yo soy así y punto", "no creo en la psicología". Este último argumento me sorprende, pues yo no llevo sotana ni soy representante de ninguna religión, sino que practico una ciencia. No es una cuestión de fe.

Poder llegar a más gente y ayudarles a darse cuenta de que no hay que gastar grandes sumas de dinero ni ir a que "te coman el coco" para tener acceso a herramientas que les van a permitir estar mucho mejor en la vida y superar diferentes dificultades, ha sido mi principal motivación para trabajar sobre este libro.

## Los beneficios

A todos aquellos que aún dudan de que esto funcione, debo decirles que he visto durante todos estos años a muchísima gente superar una gran cantidad de adversidades gracias a tomarse en serio el proceso aplicando las técnicas que explico en el libro. Y, además, me siento muy orgulloso de haber podido ayudarles guiándoles durante el camino.

Claudia era una paciente mía de cuarenta y dos años, casada, con una hija de quince. Llegó a la consulta con síntomas depresivos, ansiedad e irritabilidad. Verás más sobre su caso en el apartado de la primera técnica, "La observación inteligente". Tenía una visión pesimista de sí misma y de la vida, se sentía inferior e inadecuada y su vida no era satisfactoria. Estaba atascada, quería estudiar unas oposiciones, pero no se sentía motivada para

ello, lo que le provocaba aún más sentimientos de vacío y desesperanza. Cada vez tenía menos momentos buenos e iba empeorando porque, como es habitual, estaba en un círculo vicioso: mientras peor se sentía, menos cosas hacía y menos satisfacciones y logros, con lo cual se sentía aún peor, lo que le llevaba a tener todavía menos motivación, y así sucesivamente.

Después de unos cuatro meses de trabajo con las herramientas que podrás conocer en el libro, Claudia cambió su actitud frente a la vida, abandonó la negatividad y empezó a tener una visión más realista de las cosas, lo que le permitió ir dando pasos en la consecución de sus objetivos y mejoró espectacularmente de sus síntomas emocionales. Seguía teniendo sus problemas como todo el mundo, pero ahora su forma de afrontarlos era diferente.

Estoy convencido de que, en muchos de los casos, con la lectura de un buen libro de psicología que te guíe en cómo hacer las cosas, se pueden conseguir resultados.

Quiero decirte otra cosa importante: aplicando las técnicas como se indica con perseverancia, la probabilidad de fracaso es mínima. Es muy difícil no conseguir mejoría. Quiero que entiendas esto. Los que fracasan, por lo general, abandonan. O directamente no practican lo suficiente.

**Antes de empezar**

Es muy importante manejar este libro como un manual de consulta y trabajo; no se trata de leerlo y que vuelva a la estantería; si es así, entiendo que siempre se le podrá sacar algún provecho, pero no es el objetivo primordial. Este es que sea de utilidad real para mejorar la vida de las personas. Tu vida. Ayudarte a sentirte mejor y prevenir situaciones de malestar emocional e incluso de quebranto de tu salud mental.

En este sentido, el libro debe estar en un lugar visible y a mano, o dentro de tu bolso o maletín de trabajo. Debe ser tu compañero fiel hasta que hayas interiorizado bien las técnicas. Manoséalo, subráyalo, haz notas al margen si te apetece.

¿Encendemos la luz?

# LA PSICOLOGÍA EXPLICADA

## LAS TRES LEYES FUNDAMENTALES DEL COMPORTAMIENTO

Martina era una joven profesional de treinta y cinco años, con lo que aparentaba tener una brillante carrera por delante. Trabajaba en banca y, desde que estaba en su actual empresa, hacía unos once años, había ido mejorando su posición y adquiriendo puestos de mayor responsabilidad y remuneración. Acudió a consulta porque unos días atrás había sufrido un desmayo en su puesto de trabajo y tuvo que ir a urgencias, donde, tras practicarle varias pruebas, le diagnosticaron "ansiedad".

Martina era consciente de que la causa de su problema era el miedo a hablar en público. Hasta ahora había podido esquivar sus intervenciones delegando en otras personas, pero el nuevo cargo la obligaba a ser visible y dar la cara ante una junta de doce miembros, al menos una vez a la semana. Ya en la primera sesión, me dijo: "No quiero sentirme así, quiero que me ayudes a quitármelo". Continuó diciendo: "No debería sentirme tan nerviosa hablando en público, debo de ser débil y estúpida por sentirme de esta manera". Martina daba por hecho que había alguna posibilidad de "borrar" o "anular" estas sensaciones de manera inmediata y que no era "normal" sentirse así.

Juan era un profesional muy formado y competente que tenía problemas cada vez que debía hablar con su jefe, hombre de modales rudos y con tendencia a enfadarse. Sufría de vértigos, mareos, falta de sueño y nerviosismo cada vez que tenía que entregarle algún trabajo o tener alguna reunión con él. En estas situaciones se quedaba callado y era incapaz de defender sus puntos de vista, a pesar de que él sabía que tenía razón y que controlaba más el asunto en cuestión que su jefe, por sus conocimientos técnicos especializados.

¿Qué le pasa a Martina? Pues algo relacionado con las tres leyes fundamentales del comportamiento humano que veremos en los próximos párrafos, concretamente tiene que ver con la tercera ley.

¿Y a Juan? ¿Qué le pasa a Juan? Lo de Juan tiene más que ver con la primera ley.

Vamos al lío.

Te voy a proponer tres sencillas premisas o leyes de partida, siguiendo el precepto de "la navaja de Ockham" (en igualdad de condiciones, la explicación más simple suele ser la más probable):

1. **PRIMERA LEY: todas las transacciones humanas son transacciones emocionales.** No importa en qué ámbito ni a qué nivel: trabajo, pareja, hijos, amigos, relaciones diplomáticas, deporte de élite...

2. **SEGUNDA LEY: allá donde la gente está en paz consigo misma, reina la paz, y viceversa.** Cuando uno está tranquilo, las cosas suelen salir bien. Cuando uno está alterado, las cosas suelen salir mal. Es decir, todo depende de los estados internos de las personas.

3. **TERCERA LEY: no debemos tratar de suprimir estados internos** calificándolos de buenos o malos, sino de aprender a manejarlos o gestionarlos.

Querido lector, lectora…, esto que acabas de leer es la biblia de la filosofía y el método de El Cinco. Ni más ni menos. Se trata de tres preceptos que contienen la evolución y el desarrollo de la psicología en el último siglo.

Vuelve a leerlas y reflexiona sobre ellas con calma. Ponlas en relación con tu vida cotidiana y con las cosas que ves y vives habitualmente. Te aseguro que es todo lo que necesitas para cambiar tu vida a mejor. Y de una forma mucho más efectiva y duradera de lo que nunca hubieras imaginado.

¿Estamos? Pues seguimos.

## CONCEPTOS BÁSICOS

Este libro y el método que se enseña en él, se articulan en torno al concepto de **Hábitos Psicológicos Condicionados (HPC)**. Se trata de un **paquete** formado por: emoción, pensamiento y comportamiento, que actúan de forma simultánea cuando se activa el hábito. **La emoción siempre está presente** y es el núcleo central. Aquello que solemos llamar "Ego", "Yo", o "Personalidad" deriva de estos HPC. Es, por tanto, básicamente emocional y sus acciones están ligadas a la supervivencia de la especie.

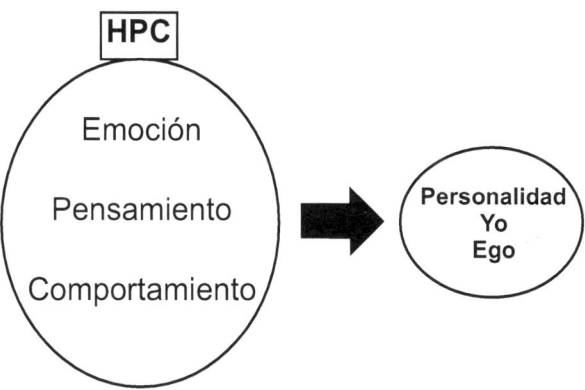

A quienes no estén familiarizados con este lenguaje, debo decirles que un hábito es una "grabación", una tendencia a responder de determinada manera a las cosas que nos pasan, que está "guardada" esperando a ser activada. Está guardada en nuestro disco duro, igual que ocurriría en un ordenador, solo que el nuestro está hecho de carne.

Así pues, **estamos programados** en la mayoría de nuestras respuestas ante las cosas del mundo, aunque pensemos que nuestra conducta es libre porque la percibimos como "compleja". Los HPC conforman, pues, nuestra tendencia a comportarnos emocional, cognitiva y conductualmente de una determinada manera ante las situaciones que se nos presentan en nuestra vida.

Durante las próximas líneas se desarrollará el concepto y dinámicas de los **HPC perjudiciales**, los que provocan nuestro malestar emocional y nos minan la salud mental. El objetivo del libro es, precisamente, aprender cómo librarnos de ellos.

¿Cuántas veces no hemos tomado la firme decisión de que ya no nos íbamos a comportar nunca más de una determinada manera que no es buena para nosotros y volvemos a caer en ella una y otra vez, destrozando de modo inmisericorde nuestros buenos propósitos de año nuevo? Pues eso es un HPC sin control. Aunque tengamos conciencia de que lo que hacemos no nos gusta o nos perjudica, no podemos "escapar" a la conducta, ya que es programada o automática.

Para desactivar los HPC, aprenderemos a situar el "Yo" fuera de la Personalidad y del Ego, en un proceso que denominaremos "deslocalización del Yo". La idea es utilizar la Conciencia para observar **"desde fuera"** todo lo que sucede en nuestro interior de forma automatizada (los HPC). Lo llamaremos el "Yo Observador".

Debemos dar mayor importancia a la **gestión emocional** que al contenido del pensamiento, ya que el pensamiento, dentro de un HPC activado, no es más que un **reflejo** del estado emocional dominante. Así, si tenemos miedo o estamos rabiosos, nuestros pensamientos serán un **reflejo** de ese estado de ánimo y ayudará a alimentarlo. Si, por ejemplo, tenemos miedo a volar en avión, cuando estemos dentro de uno, nuestros pensamientos reflejarán ese estado de ánimo: "se va a caer" o "ese ruido no es normal" son algunos ejemplos. ¿Es útil ese pensamiento? Por supuesto que no. Simplemente es del mismo color que la emoción dominante, en este caso, miedo. Así, analizar su contenido o, peor aún, darlo por válido, sólo nos conduciría a reforzar la percepción de amenaza. Es un proceso adaptativo que evolucionó para salvarnos la vida: si un oso me va a atacar, no debo estar pensando en lo que me voy a preparar para cenar, sino que mi mente debe estar, o sea, en cómo escapar del oso.

Por consiguiente, no debemos venerar el pensamiento como algo siempre "inteligente", pues en muchas ocasiones no lo es ni nos conduce a descubrir nada nuevo. Obviamente, en este sentido, podemos decir que nos perjudica y aumenta nuestro sufrimiento.

Se trata de modificar la relación que tenemos con nuestras vivencias internas (emociones, pensamientos, sensaciones) para cambiarlas. No buscamos eliminar los "síntomas", sino gestionarlos y controlarlos por medio del **establecimiento de un nivel más elevado de conciencia.**

Dos son los caminos principales para la instauración de un hábito psicológico:

1. **Biología:** predisposición genética.
2. **Aprendizaje:** educación, sucesos condicionantes.

La emoción dominante tiñe todo el proceso psicológico (el pensamiento es consonante con la emoción dominante), situándonos en uno u otro hábito.

La mente y sus procesos son producto de nuestra naturaleza biológica. Es un proceso natural sujeto a las leyes de la evolución, como las alas de las aves o el pico de los pájaros. Trata de categorizar el mundo para anticipar peligros potenciales con el fin de favorecer la supervivencia. Por eso la reacción de alarma, el miedo, es la emoción central sobre la que se articulan todas las demás y es el centro de nuestra vida psíquica a nivel del Ego o la Personalidad.

Lo verdaderamente humano, lo que nos confiere una capacidad extraordinaria, es la **conciencia plena**, situada fuera del Ego y de la mente. En realidad, nuestro sistema cerebro-mente es bastante rudimentario y diseñado para una existencia preindustrial, de la Edad de Piedra. Por eso sus respuestas están ligadas a la conservación de la vida (sistema emoción-respuesta rápida). **Nuestras reacciones, por tanto, son más emocionales que racionales** (recuerda esto: la gente no es lógica).

Entonces, lo que llamamos **Personalidad, Ego o Yo**, consistiría en un conjunto de Hábitos Psicológicos Condicionados que se van activando o desactivando según sucesos o circunstancias críticas (que se categorizan y almacenan por la mente con base en experiencias emocionales pasadas).

Por eso las personas podemos parecer a veces muy diferentes según la situación.

En este sentido, recuerdo el caso de Elena, una paciente de treinta y dos años, de profesión administrativa. Vivía con su marido y su gato en una aparentemente apacible existencia. En su vida profesional no refería ningún problema, siendo una trabajadora bastante competente y muy valorada por sus superiores, que le habían ido dando creciente confianza y responsabilidad en la empresa.

Tampoco en su vida personal existían desajustes significativos. Solamente había una situación en la que parecía transformar por completo su forma de ser y se producía invariablemente en su vida doméstica. Cuando había algo que no salía como ella esperaba o su marido no hacía algo que ella consideraba que debía hacer (o que había manifestado que deseaba que sucediera), se apoderaba de ella una sensación de enfado mayúscula y en ocasiones de profunda tristeza, lo que la llevaba a tener conductas de "rabietas" o de silencios prolongados y malas caras con él. Elena refería que no entendía por qué le pasaba esto y lo vivía como algo inadecuado e irracional, pero no podía evitarlo. Era como un "clic" que se activaba de manera automática.

Durante todo el libro, utilizaré el término "Ego" de forma indistinta como equivalente a "Personalidad" o "Yo". En el ejemplo anterior era el Ego de Elena en plena acción el que provocaba su conducta en aquellas situaciones. Ella no quería…, pero no podía evitarlo. Y sufría por no poder controlar lo que ella vivía como una conducta voluntaria. "No puedo entender por qué me comporto así, soy una imbécil", se decía a sí misma.

Por economía, nuestra mente tiende a automatizar las conductas para ahorrar energía. Esta es la causa de la facilidad y tendencia que tenemos a formar hábitos.

Durante el funcionamiento automático, la mente procesa en **paralelo**, activando de forma simultánea diversos y abundantes contenidos del pasado, el presente y el futuro, campo abonado para el estrés. Sin embargo, cuando el foco de la atención está centrado en una tarea, el funcionamiento es **secuencial**, y estamos en el presente (conciencia plena), librándonos del funcionamiento automático, ya que es **incompatible.**

Nuestra mente es capaz de automatizar conductas aparentemente muy complejas, como conducir un coche, y realizarlas de forma óptima. "¿Cómo llegué hasta aquí?", nos preguntamos a veces, aturdidos, porque llegamos a nuestro destino sin ser conscientes en absoluto del camino recorrido.

En este ejemplo, la pregunta que se nos viene encima como una losa es: ¿quién conducía el coche? ¿Era "yo"? Si no me acuerdo en absoluto del trayecto, es como si no hubiera sucedido… Resulta que "yo" estaba con mi pensamiento puesto en un problema que tengo con mi suegra y mi cuñado.

Efectivamente, la realidad es que no hace falta estar presente al 100% para conducir un coche y que, si eres un conductor habitual y encima vas por una ruta también habitual, esta es una conducta totalmente automatizada (un hábito), por lo tanto, tu mente consciente puede estar en otro sitio mientras el hábito funciona en segundo plano.

Lo mismo sucede con los hábitos psicológicos (HPC), operan en un segundo plano, de manera soterrada y silenciosa mientras nosotros intentamos vivir.

Así, nuestro verdadero "Yo", el que nos puede servir para alcanzar nuestro equilibrio, es una perspectiva que se sitúa fuera del Ego o del "Yo" habitual dominado por los HPC. A este "Yo deslocalizado" lo llamamos **"Yo observador" (YOb)**. Observa lo que sucede en la personalidad (Ego). Esa es la Conciencia, donde queremos situarnos. La idea es que **"yo no soy mi mente"**. No somos los procesos (condicionados) de la mente. Ahí dentro no hay conciencia, sino funcionamiento automático. A pesar de que he crecido, de que mi cuerpo no es el mismo…, siempre he tenido la impresión de que hay alguien ahí dentro "que mira". Ese es el YOb.

Esto es de una lógica aplastante, y lo vas a entender mejor con este ejemplo: ¿Tú dirías que tú **eres** tu digestión? ¿A que no? La digestión es un proceso que tiene como responsable al sistema digestivo, con el estómago como órgano central. Es un proceso automatizado, al igual que tu mente. La diferencia es que la mente es un proceso que tiene como responsable al sistema nervioso, con el cerebro como órgano central. Nos identificamos más con este proceso porque tiene la capacidad de generar, además, la sensación de "ser yo". Veámoslo en el cuadro siguiente:

| DIGESTION | MENTE |
|---|---|
| • Es un proceso automatizado del organismo. | • Es un proceso automatizado del organismo. |
| • Sirve para procesar alimentos y convertirlos en nutrientes. | • Sirve para organizar la conducta hacia objetivos determinados. |
| • Depende del sistema digestivo con el estómago como órgano central. | • Depende del sistema nervioso con el cerebro como órgano central. |
| • Su fin último es la supervivencia. | • Su fin último es la supervivencia |

¿Te das cuenta? La digestión y la mente son la misma cosa, el mismo concepto, pero solo nos identificamos con uno, la mente, porque es capaz de generar nuestro sentido del "yo", "Ego" o "personalidad". Pero recuerda que ahí no es dónde debes situarte, ya que la personalidad realmente no es más que un conjunto de HPC que proceden de los procesos que ocurren en la mente.

¿Cómo podemos establecer el proceso de deslocalización para salir de la corriente mental? Se busca el establecimiento de una "base segura acompañante" que actúa como una "segunda persona" interior que observa todo lo que sucede en "el disco duro". Así, el Yo Observador quedaría vivenciado fuera de la personalidad (Ego). En realidad, **fuera de la mente**. Recuerda: **tú no eres tu mente** (ni tu digestión, pero esto no tengo que recordártelo).

Se trata, desde una **perspectiva objetiva, neutra, aséptica,** de validar las experiencias internas de las personas y cambiar la relación con ellas. La conducta depende más de esta dinámica interna que de la situación objetiva o la lógica. Por ello **buscamos el cambio en la realidad interna.** Tampoco creo conveniente dar un significado especial a los procesos emocionales condicionados, ya que no servirá para salir de ellos; de hecho, mientras más significado les demos, más estaremos legitimando unos procesos que nos están impidiendo vivir mejor. El objetivo no es dotarlos de significado, sino aprender a manejarlos y descubrir cómo nos "engañan" haciéndonos confundir la realidad.

El sufrimiento proviene de entrar en el "juego de la mente". Este nos impide percibir la realidad tal cual es para poder manejarla mejor. Estamos permanentemente "poniendo parches" en todos los conflictos y contradicciones en que entramos diariamente.

Al estar el Yo situado fuera de la personalidad, se neutraliza, se objetiva. Se le saca de la "corriente mental". **La relación con uno mismo se vuelve más aséptica,** desprovista de adjetivos polarizados, bueno-malo-correcto-incorrecto... El Yo Observador, ha surgido.

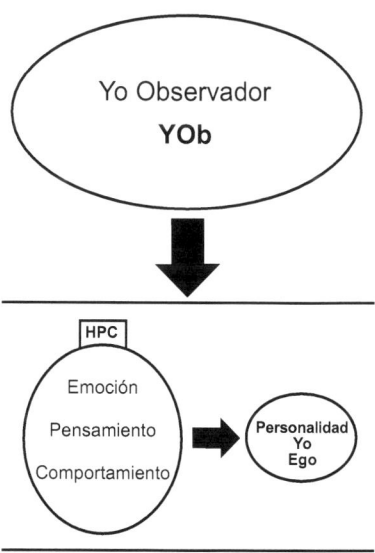

La Personalidad, entonces, es un conjunto de hábitos y condicionamientos. Algunos son complejos y, como implican la tríada emoción-pensamiento-conducta en muchas ocasiones, parecen conductas más voluntarias: se produce una ilusión de libre albedrío o voluntad. Pero son automatismos. El problema de pensar que son libres es que luego debemos realizar un gran esfuerzo para justificar nuestra conducta.

**Sin neutralidad no existe la verdadera razón.** Si no te puedes aproximar de forma neutral a un asunto, el que sea, estás dentro de la corriente emocional y... te puede arrastrar en cualquier momento. Si no sales de las emociones, te arrastra la corriente. Te conviertes en eso. El resultado es "un pollo sin cabeza", un trozo de carne manejado por un ordenador preprogramado, una suerte de "solomillo mecánico".

| EGO-PERSONALIDAD | YO OBSERVADOR |
|---|---|
| • Construcción mental. | • Observación aséptica. |
| • Construye significados. | • Surge de la conciencia. |
| • Surge de los HPC. | • No es constructivista. Tolera la |
| • Historia arbitraria según exterior. | fragmentación. |
| • Construye la realidad. | • Específicamente humano. |
| • Sujeto a procesos biológicos y | • "Surge de", pero está "fuera de" |
| evolutivos. | la biología. |

## LA ESTRUCTURA PSICOLÓGICA DEL SER HUMANO

Existen en el ser humano dos tipos principales de constituciones: física y no física. La física comprende el cuerpo, incluido el cerebro, y la no física consta de la mente y los procesos de la conciencia.

| PLANO NO FÍSICO (Procesos) | CONCIENCIA Yo Observador (YOb) | CONOCIMIENTO |
|---|---|---|
| | MENTE-EGO (HPC = Personalidad) | SUPERVIVENCIA CONSERVACIÓN |
| PLANO FÍSICO | CEREBRO CUERPO | SUPERVIVENCIA CONSERVACIÓN |

Así, según el esquema, el sistema cuerpo-mente estaría unido a la supervivencia de la especie y forma parte del mundo natural, ligado a la evolución y a sus programaciones. Dentro de la naturaleza, en todos los organismos, existen condicionamientos y programaciones destinadas a su desarrollo y supervivencia. El funcionamiento de la mente está predeterminado por los genes. La mente humana, con la formación de su Ego, se sitúa en el plano del mundo natural. Como integrante de ese mundo natural, **tanto el cuerpo (incluido el cerebro) como la mente están programados.**

El problema es que, dentro de esta programación, no podemos sentirnos tranquilos y predomina el sufrimiento, el dolor y la enfermedad, por varias causas. Entre ellas porque nuestro sistema cuerpo-cerebro-mente **fue diseñado para encargarse de los asuntos de la Edad de Piedra:** comer, correr, saltar, aparearse, ponerse a salvo..., y no tanto para las exigencias de nuestra vida moderna con sus estresores psicosociales permanentes ante los que el sistema se colapsa y provoca enfermedad.

Así, **la mente humana se diseñó para sobrevivir, no para hacernos felices.** Por eso cuesta tanto salir de los hábitos y adicciones psicológicas. El cerebro tiene un funcionamiento sencillo en el fondo, basado en la **rutinización y el condicionamiento…**, aquello que favorece la conservación, se establece en circuitos y se repite de forma automática una y otra vez.

Si queremos buscar felicidad y bienestar, deberemos buscar entonces en un lugar distinto de la mente.

Nuestro **cerebro** es un procesador de información que está constantemente, por medio de los sentidos, tratando de analizar el mundo externo y procesar la información que recibe. La procesa (le da **significado**) por medio de la mente, que es la función del cerebro. El cerebro como órgano no solo está captando información del exterior del cuerpo, sino también del interior, de los procesos que suceden dentro del propio cuerpo para poder ir regulándolos (digestión, ritmo cardíaco...). Asimismo, **capta también los contenidos de la mente y reacciona ante ellos.** De hecho, por lo general, salvo reacciones de alarma extremas, el cerebro lo que capta y ante lo que reacciona son las imágenes de la realidad formadas por la mente, más que a la realidad misma. Percibimos, entonces, la realidad "de segunda mano".

El cerebro funciona mediante su maquinaria: neuronas, neurotransmisores, impulsos eléctricos..., y desde esa maquinaria y programación previa va gestionando el funcionamiento del organismo y su supervivencia. Con el desarrollo de la mente, que es derivada del cerebro, pero distinta que él (no está en el plano físico), las operaciones se vuelven más sofisticadas. Obviamente, nosotros no controlamos o decidimos qué conexiones neuronales activamos o qué neurotransmisores segregamos. El cerebro, como órgano, funciona igual que otros órganos como el corazón, el hígado o el páncreas: está programado de forma automática. Nosotros **no somos el cerebro ni somos estos procesos físicos,** somos la conciencia observadora (YOb). Ahí es donde nos debemos situar.

Dentro de este plano natural, entrarían los Hábitos Psicológicos Condicionados (HPC). Cuando sufrimos un trauma, por ejemplo, implica intensas emociones de desagrado (miedo, tristeza) que se graban como una pieza aparte dentro de nuestra mente, de forma inconsciente. El motivo de esta grabación es preservar la vida y la continuidad de la especie, permitiendo a la mente tener "una biblioteca" de peligros ante los que hay que reaccionar de forma inmediata e intensa, ya que están marcados en "rojo" como sucesos altamente peligrosos. Por ello, en el futuro, ante sucesos semejantes, se desencadena el hábito de forma automática e intensa, causando sufrimiento a la persona, pues se activa en situaciones que en realidad ya no tienen que ver con la original (por ejemplo, maltrato infantil), pero la mente activa "el protocolo de seguridad" ante uno o dos indicios.

¿Recuerdas la historia de Elena? La realidad es que tuvo serias dificultades en su infancia por abandono. Su familia es lo que se conoce como una familia desestructurada, con problemas de salud mental y adicciones. Permanecía en absoluta soledad durante horas, a veces llorando o llena de orines y heces. Por tanto, su cerebro estableció un circuito automático muy sensible ante el posible abandono o rechazo, activando conductas infantiles de llamada de atención (rabietas, silencios). Se trata de un HPC que activa un "protocolo de seguridad" de manera automática sin el concurso de su voluntad.

Así, podemos afirmar, sin miedo a equivocarnos, que **la personalidad es memoria.** El desarrollo humano no es exclusivo, es decir, no nos convertimos en personas diferentes cuando tenemos cinco, ocho, doce, veinte o cuarenta años. **El desarrollo evolutivo es inclusivo,** es decir, el niño que fuimos con cinco u ocho o diez años sigue estando dentro de nosotros, puesto que ese niño es parte de nuestra memoria, está en nuestro "disco duro". Los contenidos de nuestra "personalidad de ocho años", por ejemplo, están grabados en la memoria preparados para activarse en cualquier momento en que la situación se le parezca lo suficiente al cerebro como para "despertar" esos recuerdos o grabaciones del pasado.

La idea, entonces, es que convivimos con lo que fuimos en el pasado constantemente a través de la memoria. Y no lo olvidemos: una grabación (HPC) consta de tres cosas: pensamientos, emociones y conductas. La activación es automática, se produce por lo general sin el concurso de nuestra voluntad. Pero ¿qué provoca que se activen unos hábitos u otros? Pues están condicionados, es decir, están grabados con un comando adicional del tipo "actívate si...". En ciertas circunstancias, similares a las que se produjeron originalmente cuando la experiencia se grabó, se volverán a activar. Son las lagunas inexplicables de nuestra conducta. Comportamientos que nos cuesta mucho integrar dentro de nuestra personalidad total, ya que rompen el equilibrio o la sensación de continuidad de la "historia". Veamos un esquema del desarrollo inclusivo:

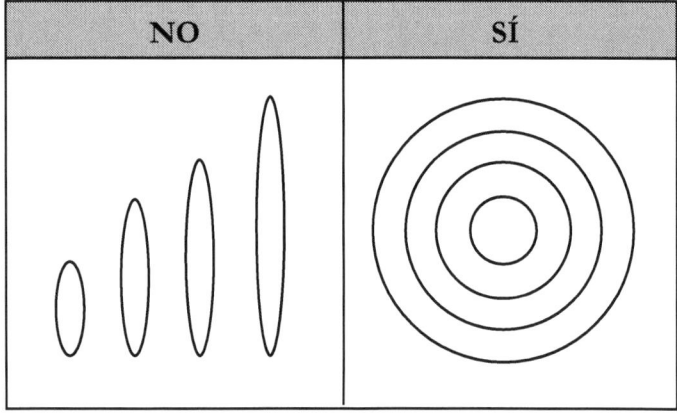

La conciencia, siguiendo la cadena, surge de la mente, pero no es la mente. La trasciende, igual que la mente trasciende al cerebro. La mente surge a partir del cerebro, pero no es el cerebro. La conciencia es la llave de nuestro bienestar.

Sin una potenciación de la conciencia, a lo más que pueden aspirar las diferentes formas de psicoterapia es al cambio de unos Hábitos Psicológicos Condicionados por otros menos lesivos o claramente beneficiosos. Pero seguimos dentro de la mente.

## EL PROCESO DE FORMACIÓN DE LOS HÁBITOS PSICOLÓGICOS CONDICIONADOS (HPC): "LAS GAFAS NEGRAS"

**Las emociones constituyen el núcleo de la vida psíquica del Ego.** La naturaleza "no contaba" con la aparición de la conciencia. Naturaleza y conciencia siguen caminos diferentes, aunque entrelazados.

¿Cuándo y cómo se condicionó el Hábito? Quién sabe. A veces es evidente, y la persona guarda recuerdos concretos que tienen que ver con su consolidación, pero otras veces los sucesos pueden haber ocurrido en etapas tempranas del desarrollo, cuando aún no había capacidad cerebral para guardar recuerdos integrados en forma de "episodios", ya que muchas veces el niño no tenía capacidad verbal para dar sentido a lo sucedido e integrar en una "historia".

Las emociones son sistemas de respuesta muy primitivos que se basan en la polarización primera o básica:

| AGRADO | DESAGRADO |
|---|---|
| APROXIMACIÓN | HUIDA/LUCHA |

Así, dentro de las emociones, nos movemos siempre hacia uno de estos dos polos. El problema es la conciencia sobre ellas, el significado que tratamos de otorgarles **una vez que se han producido** (sin contar con "nosotros", sino de forma automática). Ahí nuestra conciencia está perdida, malgastada. Y se nos puede volver en contra. Hay que sacarla de ahí.

Muchos son los expertos que opinan que la naturaleza no contaba con el tremendo desarrollo de la conciencia humana y su capacidad de observar e interpretar lo que sucede dentro de sí misma; es más, de dotarla de significado trascendente. La conciencia es lo que tiene: apunta hacia arriba, a lo total (a la búsqueda de algo que es lo que probablemente llamamos felicidad). Pero lo **trascendente está fuera de las emociones, fuera de los pensamientos, fuera del Ego y de la mente.** Mientras el sistema está "atrapado" en el Ego, la conciencia se emplea mal y empeora todo, pues los procesos-máquina objetivos se subjetivan.

Recuerda que hablamos de los HPC relacionados con el miedo, los que llamamos negativos, que son los que nos causan problemas.

Los HPC se forman a partir de situaciones vitales que provocan emociones fuertes. Las emociones fuertes se graban en nuestro cerebro con información acerca de cogniciones y tendencias de conducta. Veamos un ejemplo, nuevamente tomado de la mejor fuente posible: la realidad.

Ana era una paciente que conocí en el año 2013 y que recibió de niña malos tratos continuados por parte de sus padres. Según el argumento que hemos seguido hasta ahora, obviamente, la emoción que se condicionó en este caso es el miedo. Y este miedo, si nuestra lógica es acertada, se activaría sobre todo en situaciones interpersonales que **evoquen** la situación original. De hecho, cuando Ana discutía con su pareja y este movía vehementemente las manos (como hacemos casi todas las personas al discutir), esa acción era tomada, de manera automática por su mente, como señal de activación del HPC: "siento miedo, ahora debo taparme la cara o encogerme" (para amortiguar la agresión que su cerebro esperaba). Por supuesto, Lucas, el novio de Ana, insistía en que en modo alguno le iba a agredir, ni se le pasaba por la cabeza. De hecho, era un hombre bastante pacífico.

Pero nuestro cerebro no se la juega. No olvidemos que los HPC son producto de la evolución natural y que esta lo que busca es la preservación de la vida. Como hemos repetido en numerosas ocasiones, nuestro cerebro y nuestro ego no aparecen para hacernos sentir bien o felices, sino para sobrevivir. Es nuestra conciencia la que posee ese impulso.

Alberto padeció acoso escolar durante toda la educación primaria y parte de la secundaria. Un día, en el patio del colegio, descubrió que, pegando primero, dejaban de acosarle. Desarrolló así el HPC de ser "duro", con tendencia al maltrato verbal hacia los demás y una visión sarcástica de la vida. Se seguía protegiendo, en la vida adulta, del maltrato sufrido en la infancia. A ojos de los demás no era más que un imbécil o una mala persona, o ambas cosas al mismo tiempo. Pero su cerebro simplemente le protegía del miedo y el dolor. Le costaba mucho relacionarse adecuadamente en pareja y tenía problemas con sus compañeros de trabajo, entre otras dificultades.

Entonces, las grabaciones emocionales se producen con vistas a que esa base de datos emocional active el miedo (reacción de alarma) en el futuro ante **situaciones similares** a la original (sería absurdo tener miedo a los leones pero no a los tigres). Y, además, provoca respuestas desproporcionadas a veces, ya que el HPC se activa completamente, de forma absoluta, no cabe la posibilidad de que se active a menor intensidad o de forma ligera. **Las emociones fuertes provocan respuestas radicales, extremadas, de todo o nada.**

Como te dije antes, nuestro cerebro no se la juega. Por eso nos extrañamos de que la conducta de la gente sea a veces exagerada: "no es para tanto". Ya, pero no lo olvidemos: la conducta no depende de la realidad o de la lógica, sino de los estados internos. Nuestra mente "cree" que las cosas "deberían" ser así o asá porque "es lo lógico", y nos contrariamos cuando comprobamos que nuestras predicciones son erróneas.

Una conclusión lógica de todo esto es que, desde el Ego, es muy complicado ser feliz porque no tiene esa capacidad. Está sujeto a las leyes más elementales de la naturaleza presentes en todos los organismos: la preservación de la vida.

Así, un HPC consta de una Emoción condicionada, una serie de cogniciones o pensamientos asociados y una tendencia o impulso conductual.

Cuando el HPC se activa, se activa la tríada al completo. No obstante, como hemos visto, **existen casos en los que no se activa el pensamiento** o aspecto cognitivo y, directamente, de la emoción pasamos a la acción. Fueron situaciones, como vimos en un párrafo anterior, en las que el pensamiento no se condicionó, bien porque la situación fue considerada por nuestro sistema como extremadamente peligrosa o bien porque se condicionó la emoción en una etapa preverbal y preconceptual de nuestro desarrollo (cuando no podíamos todavía hablar ni existía el pensamiento).

Es la emoción la que determina el pensamiento, aunque este contribuye decisivamente a mantener e incrementar la emoción activada. El aspecto central de la vida psíquica del Ego es la emoción. Cuando se activa una Emoción Condicionada, por ejemplo, miedo, todo el resto de procesos cognitivos se ven teñidos por ella. Así, una vez activada, los pensamientos serán del tipo "todo saldrá mal", "me voy a morir", "es terrible", etc.

**Los pensamientos influidos por las emociones fuertes suelen ser extremos.** Las cosas nos saldrán mal. Será el desastre y acabaré viviendo en la calle o muerto. Obviamente, esto aumenta la presencia y duración de la emoción negativa. Es como si nuestro hijo pequeño nos dice asustado que le duele la barriga y nuestra respuesta es "te vas a morir". Brutal, ¿no? Bien, pues eso precisamente es lo que hacemos con nosotros mismos, con esa porción de nosotros llamada Ego. Y el efecto es el mismo que ocurriría en el niño. Más miedo, más susto. Una escalada que puede desembocar en ansiedad extrema (ataques de pánico) y una sensación de angustia puede instalarse en la persona de forma más o menos permanente (hipocondriasis, agorafobia).

En este punto quiero detenerme para hablar brevemente de los pensamientos y creencias distorsionadas que forman parte de los HPC negativos, los que dañan nuestra salud mental y que son de los que hemos estado hablando por el momento, ya que es necesario saber cómo funcionan para poder quitárnoslos de encima.

Recuerda, como hemos visto reiteradamente, que un HPC es un conjunto de tres cosas que actúan al unísono, como un conjunto musical:

1. Emoción
2. Pensamiento (distorsión)
3. Comportamiento

En el caso de los HPC negativos, los pensamientos que los conforman nos provocan que tengamos una visión distorsionada de la realidad, que la interpretemos de manera equivocada. **Es como ver la vida con unas gafas negras,** lo veremos todo negro (luego veremos cómo cambiarlas por unas gafas verdes).

No sé si te acuerdas de que, en párrafos anteriores, te dije que debemos tratar de salir de la corriente de nuestros HPC, ya que esta nos arrastrará con suma facilidad... ¿Y cómo lo hace? Pues engañándonos con una falsa apariencia de realidad.

En efecto, una vez que estamos dentro de la corriente de nuestro Ego **sin que haya un "Observador" externo** (el Yo Observador, neutro y aséptico, que queremos desarrollar), nuestra tendencia es a confundir los pensamientos distorsionados que vienen en ella dentro de los HPC con la realidad misma, provocando que veamos la realidad del mismo color que las gafas que llevamos puestas, es decir: negra como el carbón. Empezamos a generar significados irracionales de las cosas que nos suceden porque, dentro de la corriente del Ego, no cuestionamos nada, vivimos la fantasía de que estamos "viendo" la realidad, cuando lo único que estamos viendo son nuestras interpretaciones mayormente desfiguradas o retorcidas.

Existe una amplia literatura sobre lo que la psicología cognitiva conoce como "distorsiones cognitivas", es decir, formas sistemáticamente distorsionadas, errores del pensamiento repetidos que las personas solemos tener dentro de esta dinámica de HPC. También se les conoce, muy convenientemente, como "pensamientos automáticos".

Basta con saber, por el momento, las principales características de estos pensamientos distorsionados que vienen dentro de los HPC:

1. No se basan en hechos objetivos o contrastables ni en nuestras experiencias, sino que suelen utilizar suposiciones arbitrarias del tipo "saldrá mal", "les aburre mi exposición", "no me dará tiempo de terminar el trabajo".

2. Suelen expresarse en términos absolutos y extremos, con un punto apocalíptico y dramático: "es horrible", "nunca lo conseguiré", "nadie me valora", "soy un fracasado".

3. Se plantean normalmente como necesidades perentorias o exigencias vitales: "tengo que lograrlo", "necesito estar con ella/él", "sin ese trabajo nunca seré feliz".

4. Mantienen y empeoran emociones intensas y negativas.

5. Por lo general dificultan la resolución de nuestros problemas o la consecución de nuestras metas.

No soy partidario del análisis exhaustivo de los pensamientos ni del cambio de pensamientos "negativos" por "positivos". Pienso que ambos son parte de la misma cosa. Los pensamientos procedentes del miedo, por ejemplo, son, sencillamente, distorsionados, por lo que no es conveniente hacerles mucho caso (razonamiento emocional). Cambiarlos por "positivos" muchas veces no suele resultar, ya que, cuando uno está asustado, no se cree esos pensamientos. Es antinatural. Si tengo miedo, ¿cómo me voy a creer que todo saldrá bien? Por eso la propuesta que te hago es **primero salir de la corriente emocional para luego poder aplicar el pensamiento neutro, objetivo.**

Cosa distinta es el **cambio de perspectiva** o de punto de vista, que implica algo más que la mera sustitución tipo "loro" de unos pensamientos por otros. En el apartado de las técnicas veremos la propuesta del libro para cambiar los pensamientos y creencias distorsionadas por otros más beneficiosos y adaptativos.

## HÁBITOS PSICOLÓGICOS CONDICIONADOS POSITIVOS: LAS GAFAS VERDES Y EL CAMINO DE LA FELICIDAD

Una pregunta clave, llegados a este punto, es si es posible desactivar los hábitos psicológicos negativos. Bueno, he de decir que la respuesta es que sí, que se puede hacer y cambiar por otros más beneficiosos.

¿Es fácil? No, pero tampoco difícil. Es como entrenar cualquier habilidad, digamos, al alcance de la población general, como aprender un idioma, nadar o montar en bicicleta. **Requiere técnica y entrenamiento.** No estamos hablando de algo muy difícil solo al alcance de unos pocos privilegiados. Pero, desde luego, no lo vas a aprender simplemente leyendo un libro o visionando unos vídeos en YouTube. Precisa algo de trabajo diario durante un período de tiempo al menos.

Voy a intentar ponértelo lo más fácil posible para que este trabajo te resulte sencillo y puedas integrarlo en tus obligaciones cotidianas.

Como todo, siempre es más fácil aprenderlo de niño porque hay más tiempo para entrenar y consolidar el aprendizaje. Pero también se puede aprender de mayor, como las demás habilidades, aunque cueste un poco más porque debemos hacerlo sin descuidar nuestras otras obligaciones y preocupaciones propias de la vida adulta.

Así como hemos visto y profundizado en el desarrollo y funcionamiento de los HCP negativos, que nos conducen a emociones desagradables y, si es de manera sostenida, a la infelicidad, también existen **HCP positivos** que generan bienestar y felicidad. Suelen adquirirse igualmente de forma natural durante el desarrollo humano y también, al igual que sus hermanos negativos, constan de:

1. Emociones
2. Pensamientos
3. Comportamientos

Solo que las emociones son de una duración e intensidad moderadas, predominando las de tranquilidad, o las positivas como el amor y el buen humor. Respecto a los pensamientos, suelen ser bastante racionales y realistas, sin las exageraciones y las exigencias propias de los pensamientos distorsionados, centrados en las experiencias y en el presente. Por último, el comportamiento tiende a ser pacífico y prosocial, con tendencia a la apertura y al desarrollo.

En general, con el desarrollo de HPC positivos, la persona se siente bien "por dentro", en su estado de ánimo. La definición de "bien" es muy amplia y variada, desde estados de calma o tranquilidad, hasta la presencia de emociones positivas.

La mejor manera de aprender a generar HCP positivos es observar lo que hacen **los expertos,** es decir, aquellas personas que se autodenominan felices y que son reconocidas así por los demás, que manejan bien el estrés y son equilibradas emocionalmente. Obviamente, si quieres aprender cualquier habilidad como tocar el piano, debes contar con la guía de un experto, de alguien que sabe tocarlo en un nivel de maestro y… **copiar sus movimientos.**

Igualmente, si quieres aprender e instaurar hábitos positivos en tu mente y a ser feliz, debes copiar los movimientos de los expertos. Sí, has leído bien, he escrito "feliz". No me preocupa hacerlo. Porque se pueden lograr siempre cotas más altas de felicidad, entendida como un estado de disfrute por la vida, que no depende tanto de las circunstancias externas, sino de las internas.

En el apartado de las técnicas te explicaré cómo hacer esto de una manera sencilla y eficaz, para que puedas entrenarlo de una manera lo más natural posible, insertándolo en tus tareas cotidianas.

Funciona. Lo sé de primera mano, porque cientos, si no miles, de personas lo han hecho de la manera en que yo mismo les he indicado en los últimos veinticinco años.

¿Preparado para ponerte las gafas verdes?

## QUÉ ES LA ANSIEDAD, LA DEPRESIÓN, LOS TRASTORNOS EMOCIONALES Y LA PSICOPATOLOGÍA

Mi intención es tratar de dar respuesta a los asuntos humanos con el máximo rigor, pero con sencillez. Desde esta premisa, voy a tratar de explicarte resumidamente en qué consisten los desórdenes emocionales que solemos padecer las personas.

Debemos recordar en primer lugar que nuestro cerebro fue diseñado para una existencia en la Edad de Piedra, por lo que sus sistemas de respuesta y su funcionamiento responden a actividades básicas para la supervivencia: correr, comer, protegerse, aparearse…, y lo hace emitiendo órdenes al resto de sistemas del cuerpo para provocar los cambios y las conductas necesarias por parte del organismo. Esto lo hace no solo el cerebro humano, sino el del mono, el de la rata, o el de una cucaracha. Nos diferenciamos de ellos en complejidad, por supuesto (más información y capacidad de computación) y en que nuestro cerebro nos permite la emergencia de dos cosas muy importantes: la mente y la conciencia. Sobre ambas hemos hablado largo y tendido en los apartados anteriores.

Hablemos de emociones, qué son y cómo se pueden descompensar y darnos problemas. Existen dos emociones básicas: amor y miedo. Amor es aproximación, deseo. Miedo es alejamiento, desagrado. A partir de aquí, se producen los innumerables matices emocionales del ser humano, más complejos que en el resto de los animales. Pero las dos emociones básicas se dan en cualquier organismo, incluido una célula o una bacteria. Está en su programación: aproximarse o alejarse. Desde este planteamiento se originó la vida en el "caldo" de la tierra primitiva de hace quince millones de años… Unas partículas se fueron acercando a otras y…, ¡zas!, apareció la vida. Luego aprendieron a alejarse de lo que amenazaba su existencia.

A medida que los organismos crecen en complejidad, las respuestas se vuelven también más complejas… Por ejemplo, apareció el mecanismo de la agresión, que permite repeler un estímulo amenazante sin perder la posición, es decir, no me alejo yo, sino hago que se aleje el otro. Luego ya tenemos las dos respuestas conductuales frente a la amenaza: evitación (huida) o agresión (ataque). Y para poner en marcha esos comportamientos hace falta la "gasolina": un poquito de emoción. La reacción, tanto de ataque como de huida, moviliza recursos y energía para provocar las acciones concretas. Una vez realizadas, el organismo vuelve al estado de homeostasis (equilibrio interno).

La emoción es un cambio en los químicos del cerebro que pone en marcha al organismo por medio de hormonas, neurotransmisores y movimientos musculares; en el caso del ser humano incluye además una **sensación subjetiva** en la cual participa la conciencia; es decir, soy consciente de que tengo miedo, aunque la reacción es tan automática como la de una lagartija. Solo que la lagartija no reflexiona sobre sus propias sensaciones internas…, reacciona y ya está… Cuando el estímulo que desencadena el miedo desaparece, el organismo vuelve a su punto de partida y listo. No se queda luego pensando sobre el tema ni dándole vueltas o buscando un significado trascendental o artístico. No hay conciencia. Simplemente su cerebro registra la acción y a la próxima habrá una reacción aún más rápida.

Pues bien, el cerebro humano también funciona así, pero con la aparición de la función simbólica (mente) y la conciencia, el ser humano puede "vivir" situaciones de peligro **que no están presentes** y que además son altamente simbólicas, como no poder pagar la hipoteca, que mi novia me deje, que mi hijo suspenda, o no conseguir el trabajo que quiero…; es decir, con la capacidad para manejar una cantidad enorme de datos en nuestra mente, las situaciones peligrosas pueden ser detectadas por el cerebro aunque no se estén, de hecho, produciendo, desencadenando la única respuesta que nuestro anticuado amigo conoce: la explosión química. Se producen entonces una serie de cambios en el organismo comandados por el cerebro y sus neurotransmisores a través de las vías del sistema nervioso autónomo, que, como su nombre indica, se encarga del funcionamiento de las funciones involuntarias del organismo como la frecuencia cardiaca, la presión sanguínea, la secreción de jugos gástricos o la respiración. El objetivo: prepararse para realizar una acción de ataque o de huida… Sí, da igual que ambas respuestas sean inadecuadas al tipo de amenaza; nuestro cerebro sigue funcionando igual que en la Edad de Piedra.

Además, a lo anterior, como vimos, hay que añadir la conciencia de sentirse mal, ya que el ser humano reflexiona y atiende a todas y cada una de las sensaciones que se producen en su interior. Nos convertimos entonces en muñecos de nuestros químicos y al mismo tiempo en observadores de la escena.

Así, recapitulando, el miedo, que es la respuesta de alarma de nuestro organismo, es el que desencadena a su vez la respuesta química de nuestro cerebro, que al tiempo provoca cambios en el comportamiento, y no solo en el comportamiento físico, sino también en los procesos de pensamiento (comportamiento psicológico). A esta respuesta, dirigida a resolver la situación de alarma, se le llama **Respuesta de Estrés.** Es la reacción del organismo ante la amenaza. Su objetivo: nuevamente, preservar la vida, atacando o huyendo. Por eso, cuando estamos estresados, solemos evitar situaciones o nos ponemos agresivos.

Es importante que sepas que el estrés en sí mismo no es malo, es necesario, sin él moriríamos, pues estaríamos indefensos frente a las amenazas. El problema es cuando la respuesta se vuelve crónica, no se resuelve, y los cambios neurofisiológicos continuados provocan disfunciones físicas (trastornos orgánicos) o psíquicas (trastornos emocionales).

A partir de la **cronicidad** de la respuesta de estrés se explica también otra emoción básica: la depresión. La depresión se conoce en psicología como "indefensión aprendida". Sucede cuando el organismo se rinde, ya que, tras múltiples y repetidos esfuerzos por liberarse de la situación aversiva, no lo consigue. Entonces desemboca en agotamiento físico y psíquico. Eso es una depresión clínica. Cualquiera puede llegar a ella. Unos más fácilmente que otros, pero es una reacción natural que se produce en todos los organismos.

En nuestra mente llena de información y memoria, las situaciones que el cerebro percibe como peligrosas pueden ser constantes, pues, como hemos visto, nuestro cerebro percibe por igual el mundo exterior que el interior, le da el mismo estatus de realidad a nuestros pensamientos que a algo que vemos con nuestros ojos, de ahí que desencadene las mismas respuestas de alarma ante hechos imaginados que reales…; así, nuestro cerebro no es tan listo. No es más que un rudimentario, aunque muy complejo, sistema de percepción y reacción. No, nuestro cerebro no es listo, los que somos listos somos nosotros, pero… ¿quién es "nosotros"? Tendrás la respuesta muy pronto, pero estoy seguro de que ya la intuyes.

Hay un par de situaciones clave que conllevan desajuste. Una de ellas es **el trauma.** El trauma es una situación que se produce junto con una activación de miedo muy intenso. Sabemos hace tiempo que **la fuerza de una grabación en la memoria depende de la emoción.** A mayor emoción, más intenso es el recuerdo. En el caso de las situaciones percibidas como amenazas extremas por nuestro cerebro, estas producen las emociones más intensas e importantes que tienen el significado para nuestro cerebro de fundamentales para la supervivencia. Esas se graban subrayadas en rojo, y los circuitos neuronales que las contienen están dotados de gran sensibilidad, por lo que se disparan fácilmente, **repitiendo la secuencia conductual necesaria para la conservación de la vida,** aun en situaciones que no sean exactamente iguales que la original…, el cerebro no se la juega cuando de preservar la vida se trata.

La otra situación crítica que genera desajustes son las relacionadas con **apego deficiente** durante la etapa infantil. Esto sucede así en todas las especies, no solo en el ser humano. No necesariamente hablamos aquí de malos tratos o abusos (violaciones, malos tratos…), sino también de negligencia, frialdad, incompetencia parental, rechazo soterrado, sobreprotección… Estas últimas situaciones dan lugar también a huellas en la memoria y establecimiento de circuitos que activan reacciones defensivas o mitigadoras de las emociones negativas derivadas de estas conductas por parte de los cuidadores. Son menos espectaculares que las traumatizaciones, pero marcan fuertemente la personalidad de la gente, su estilo frente al mundo y en particular frente a las relaciones afectivas con los otros. Es el caso de las personalidades paranoides, evitativas, pasivo-agresivas… Nuevamente, encontramos la patología en el cerebro automático, rudimentario. La persona puede ser consciente de lo irracional e inadecuado de sus reacciones comportamentales, pero lo único que puede hacer es observarlo con impotencia.

Si has sufrido alguna de estas dos condiciones (traumas o apego deficiente), debes prestar atención, pues posiblemente se hayan establecido circuitos en tu cerebro que se activan de forma automática. Son circuitos muy potentes, pues sirven para la función número uno: la conservación de la vida. En cuanto a las deficiencias en el apego, rara es la persona que no la ha padecido en alguna forma, pues la conducta parental dista mucho de ser la adecuada en todas las ocasiones. Muchas veces no es maldad, sino incompetencia, aunque los resultados, lamentablemente, son similares.

Así, todas estas condiciones generan estrés y movimientos químicos defensivos asociados que se traducen en cambios en la conducta y en el funcionamiento de todos y cada uno de nuestros órganos, pudiendo provocar diferentes trastornos físicos y psíquicos, entre ellos ansiedad, depresión, obsesiones, compulsiones o conductas adictivas.

Bien, creo que ya estamos listos para pasar a la acción... Los conceptos aprendidos en esta primera parte constituyen tu equipaje para embarcarte en el viaje hacia tu bienestar. ¡Última llamada!

2.ª PARTE
# MÉTODO EL CINCO

# LOS CINCO CONCEPTOS

A continuación, vamos a continuar con los cinco conceptos básicos del método de El Cinco. Son conceptos que provienen de orientaciones y escuelas de la psicología y la psicoterapia que se han demostrado útiles para la mejora del ser humano y su salud mental. Lo que pretendemos es integrar conocimientos de forma sencilla y útil.

Algunos de los argumentos serán muy parecidos a otros vistos en la primera parte. Esto no está pensado para hacer "bulto", sino para permitir una lectura independiente de las dos partes del libro. De hecho, podemos decir que se trata de sintetizar la información vista en la primera parte en cinco conceptos para recordar más fácilmente.

Esta segunda parte está estructurada en dos: primero definimos los cinco **conceptos** básicos que debemos manejar para aprender a vivir mejor y, segundo, describiremos una serie de **técnicas** que servirán para aprender a manejar los conceptos de forma práctica y cotidiana, interiorizándolos en nuestra vida diaria.

Al final de las técnicas, te propongo dos planes de entrenamiento para que puedas aplicar todo lo aprendido a tu vida cotidiana de manera sencilla y efectiva.

## PRIMER CONCEPTO: LO INTERIOR Y LO EXTERIOR

Lo primero que vamos a aprender es que cualquier realidad, cualquier suceso o problema que nos ocurra, tiene una **doble expresión:** FUERA de la persona y DENTRO de la persona. Fuera está lo que ocurre, los sucesos puros y duros, por ejemplo, un problema en el trabajo, una discusión con mi hijo, un papel del banco reclamando dinero, un examen..., y cada problema o situación que se da en el exterior, en la realidad, **tiene un reflejo en nuestro interior,** en nuestras sensaciones subjetivas (emociones y significado).

Podemos decir que los sucesos ocurren **simultáneamente** fuera y dentro de la persona.

La mayoría de los problemas o sucesos no caen dentro de nuestro control, suceden y ya está... Hay que aceptarlos como parte de la vida. ¿Son mis problemas peores que los de los demás? Pues ni mejores ni peores, puesto que todo puede pasar a todo el mundo. Los problemas del mundo, por graves que sean, tienen una solución, mejor o peor, causarán un daño más grande o menos grande, pero actuando sobre ellos se solucionarán o, en el peor de los casos, intentaremos reducir los daños al mínimo posible.

Lo importante es reconocer, **en primer lugar,** ante cualquier situación o problema, qué reflejo está teniendo en nuestro interior; es decir, antes de preguntarnos por qué o cómo es posible o qué hago (todas estas preguntas referidas a lo externo) debemos preguntarnos cómo me estoy sintiendo (interno). **Si no gestionamos adecuadamente nuestro interior, corremos el riesgo de ser ineficaces a la hora de abordar el problema** o incluso de no abordarlo en absoluto (evitación), con lo que el problema puede hacernos más daño.

¿Estoy nervioso? ¿Tengo miedo? ¿Rabioso? Con estas emociones activadas nuestro estado psicológico no es el adecuado para intervenir, ya que nuestra visión de la realidad puede ser distorsionada. Y cuando uno tiene miedo, todo es horrible, catastrófico... Cuando uno está rabioso, las cosas no se analizan objetivamente, sino que tienen un significado personal: "lo hace para hundirme".

La regla sería: ante las exigencias de la vida, debemos primero mirar hacia dentro y gestionar o intervenir en nuestras emociones. Primero lo interior, luego lo exterior.

Si pasamos por alto, si ni siquiera nos fijamos en cómo nos estamos sintiendo por dentro, corremos el riesgo de manejar deficientemente cualquier situación, desde una reunión de trabajo hasta una actuación con nuestros hijos.

¿Por qué esto es así? Pues porque entre lo que ocurre fuera y lo que ocurre dentro de uno solemos dar mayor credibilidad a lo que sucede dentro. Es decir, la realidad se suele construir desde las emociones y significados mentales. Es lo que llamamos **razonamiento emocional:** si me siento muy mal por algo, suelo pensar que eso es horrible y viceversa… Sin embargo, no siempre tiene que coincidir lo que yo siento por dentro con la realidad externa.

Es decir, que yo me sienta mal por algo no quiere decir obligatoriamente que la situación o lo que he hecho sea malo. ¡Despertemos del sueño! Démonos cuenta de que esos sentimientos y significados mentales con los que percibimos la realidad **pueden provenir del interior** de nuestra propia mente, de contenidos que están ahí dentro grabados, condicionados, y que se activan en determinadas situaciones… No los confundamos con la realidad externa.

Cuando actuamos dominados por emociones negativas, todos los razonamientos y pensamientos que podamos tener no son más que basura mental. No sirven para nada. Es por eso por lo que no debemos tratar de analizar una situación, ni mucho menos intentar resolverla si estamos en esas emociones.

Cuando vemos que alguien se comporta de una determinada manera frente a una situación y nos parece que su respuesta es inadecuada es porque solamente estamos teniendo en cuenta lo de fuera, los hechos externos. Pero si pudiéramos acceder a lo que está viviendo y percibiendo dentro de sí misma esa persona, nos daríamos cuenta de que la conducta siempre es coherente; coherente con lo que la persona está viviendo por dentro. Aunque por fuera nos parezca disparatada. Por ejemplo, imaginemos un tipo que, al pasar cerca de una encantadora viejecita, le arrea una torta de aúpa en la cabeza. A priori nos parece una conducta totalmente incoherente, es una adorable viejecita. Pero si pudiéramos saber que el tipo padece esquizofrenia y las voces de su cabeza le están diciendo que es un demonio disfrazado, entonces entenderíamos que **su conducta es coherente con lo que pasa dentro de él, con su vivencia interna.** Aunque sea desajustada e inadecuada.

Mientras mejor gestiona la persona lo que hay dentro, lo que vive subjetivamente, más se acerca su respuesta a la realidad objetiva; es decir, más coherente es el comportamiento con respecto a lo que sucede fuera. Recordemos que en la lucha entre lo externo (hechos) y lo interno (vivencia subjetiva) **gana siempre lo interno en lo que a determinación de la conducta se refiere.**

Debemos aprender a **monitorizar nuestros estados internos,** independientemente de lo exterior. Quiero decir manejarlos, gestionarlos. ¿Estoy asustado? Pues debo tener cuidado, ya que en ese estado emocional mi pensamiento se tiñe de negatividad; las cosas me parecen amenazadoras de manera radical, ya que es esa emoción interna y su vivencia subjetiva la que pigmentan mi impresión de la realidad. Y puedo interpretar la situación como mucho peor de lo que es. Pero **que yo sienta miedo no quiere decir necesariamente que la situación sea peligrosa**. Igualmente, que otro muestre enfado por algo que hemos hecho no implica que nosotros hayamos hecho algo mal.

La mayoría de las veces lo que nos impide solucionar un problema no es el problema en sí, sino nuestras emociones y los significados que le atribuimos. Esto es, "lo interior".

Solemos llamar "realidad" a lo que sucede en nuestro interior, a lo que sentimos y a los significados que damos a la realidad en nuestra mente.
Se trata de aprender a reconocer "el juego" de la mente para no confundirlo con la realidad.

## RESUMEN DEL CONCEPTO DENTRO-FUERA

- Todas las situaciones que nos suceden ocurren en dos lugares simultáneamente: fuera y dentro de nosotros.
- Tendemos a **confundir** lo que sucede dentro de nosotros (emociones y significados que damos) con la realidad misma.
- Pero si yo estoy asustado y pienso que hay peligro, no significa que haya peligro, sino solo que yo estoy asustado y pienso que hay peligro.

## LLÉVALO CONTIGO: CAMBIANDO EL FOCO

- Debes dar siempre una respuesta **primero** hacia ti mismo/a, no hacia la realidad externa.
- Cambiar el **foco de la atención** de "fuera" (circunstancias) "adentro" (emociones y significados).
- Ante cualquier circunstancia que suponga un reto, pregúntate: ¿cómo me estoy sintiendo en este momento? ¿Qué está pasando por mi cabeza? Esto te ayudará a echar el freno de mano y a no reaccionar inmediatamente.
- Una vez evaluado tu estado interno, utiliza las técnicas que aprenderás para gestionar esos estados internos en el apartado de las técnicas y llevarlos a la serenidad. Después, **solo después,** actúa.

## SEGUNDO CONCEPTO: LA MENTE Y SUS IMÁGENES

En este apartado veremos que realmente no conocemos la realidad externa, sino una imagen de ella elaborada por la mente, que interpreta y construye esa realidad **según su condicionamiento o programación.** De esto ya se ocupó la escuela psicológica alemana de la Gestalt. Se descubrió que lo que percibimos no es exactamente la realidad, sino una construcción de esta que realiza la mente, cuyo objetivo es dotar a la realidad de **signifi-cado.** Y ahí está la clave de todo: vivimos atrapados en el significado o construcción que realiza la mente de la realidad externa, y a eso lo llamamos "realidad".

Los estudiosos de la Gestalt observaron que la mente, en su intento de dar significado y evaluar lo que ve según los esquemas impresos en su memoria y ciertas leyes de funcionamiento que la rigen, puede caer en verdaderas "ilusiones" en lo que llama realidad. Así, lo que percibimos es el **resultado** de una serie de procesos condicionados automáticamente, programados dentro del software mental, pero no podemos percibir los procesos mismos…

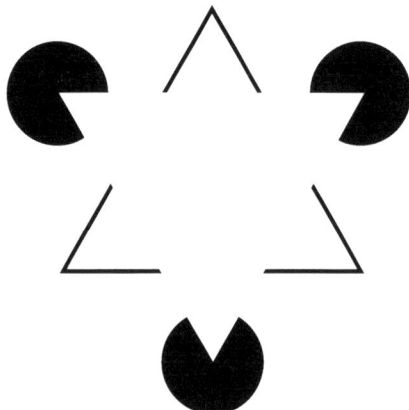

Observe el lector la figura que hay encima: ¿Qué ve? ¿Dos triángulos? ¿Uno blanco sobre otro con bordes negros? Pues siento desilusionarte, pero en esa figura no hay ningún triángulo, puesto que esta figura geométrica se define como un polígono con tres lados y tres vértices y, como puede el lector observar, no hay tres lados o líneas cerradas. El triángulo blanco es una ilusión o, mejor dicho, una **percepción.** Es decir, tal y como descu-brieron los psicólogos de la Gestalt, nuestra mente, de manera automática, **"construye"** o cierra un significado más probable, aunque no esté cerrado

del todo en la imagen. Nuestro procesamiento de la información no tolera la incertidumbre y el no-significado.

Pero habrá quien haya ido un paso más allá y haya creído ver la estrella de David o la bandera de Israel, yendo a un significado que va mucho más allá de los pigmentos y trazas que hay dibujados. Es decir, **no vemos, percibimos,** construimos un significado global de cada cosa que creemos "mirar" o "escuchar".

Aquello que percibimos es lo que llamamos, de manera habitual, "realidad". La mente va formándose imágenes de todas las cosas, simples y complejas, objetos físicos, personas o conceptos. De los relacionados con el mundo físico y de los relacionados con el mundo psicosocial y mental. Así, tenemos imágenes para funcionar como hombres, mujeres, padres, madres, esposos, novios, trabajadores, hijos, hermanos, amigos… **Nos formamos una imagen de cada uno de estos ámbitos y actuamos conforme a ella.** Esa imagen incluye cómo debe ser nuestra conducta y la del otro.

Pero ¿qué forma la imagen? La Imagen está formada por dos cosas principales:

1. Condicionamientos, o sea programaciones: biológicos y culturales.
2. Memoria: experiencias acumuladas y almacenadas.

Es importante señalar que todos estos procesos de formación de imágenes se realizan a nivel inconsciente, como la gran mayoría de los procesos mentales. Lo que nosotros percibimos es el resultado de estos procesos inconscientes, no los procesos mismos. Luego, nos identificamos con estos resultados como si fueran producto de nuestra voluntad, pero nuestra mente evolucionó para controlarnos a nosotros, nuestros comportamientos, y no al revés. **Tú no eres el que "maneja" tu mente; más bien te maneja ella a ti de forma natural.** Muchos de los procesos que pensamos responden a nuestra voluntad no son más que el resultado de actividades que suceden de forma programada en la mente y que solamente su resultado "traspasa" a la conciencia.

Las Imágenes o conceptos mentales podemos decir que son el "paquete de software adicional" que usa nuestro cerebro (diseñado originalmente para la Edad de Piedra) para funcionar en el mundo moderno altamente complejo y simbólico. Por ello, a los seres humanos, de manera intensiva en las sociedades industrializadas, se nos somete a una gran presión desde que somos pequeños para moldear nuestra mente y adaptar las conductas a las necesidades del sistema social. Este moldeamiento mental y conductual es lo que denominamos "normalidad" y sirve para definir la enfermedad mental.

Así sucede con todos los **axiomas o leyes condicionadas de nuestra programación.** Veamos algunos ejemplos de las que solemos utilizar en nuestras transacciones con los demás y con nosotros mismos:

## IMÁGENES SOBRE RELACIONES

- "El buen padre/madre siempre quiere estar con su hijo".
- "Debo estar siempre de buen humor y querer jugar con mi hijo".
- "Si soy un buen padre/madre, mi hijo no tendrá rabietas y reinará la armonía en su carácter".
- "Si soy buen padre/madre, mi hijo me debe obedecer".
- "Las relaciones padre-madre/hijo adecuadas son aquellas en las que se habla mucho".
- "Si mi hijo es feliz, predomina en él la alegría y el buen humor".
- "Un buen padre/madre debe adelantarse a las necesidades de su hijo".
- "Para que la relación vaya bien debo mostrarme siempre atento y cariñoso".
- "Si mi pareja me quiere, estará conmigo siempre que yo lo necesite".
- "Si mi pareja me quiere, siempre seré yo su preferencia a la hora de hacer algo o tener un plan".
- "Una relación sana es aquella en la que hay siempre mucha comunicación".
- "Las relaciones de pareja adecuadas son aquellas en las que se habla mucho".
- "En las buenas parejas cada miembro de la misma debería adelantarse a las necesidades del otro".

- "Para que la relación vaya bien debo mostrarme siempre atento y cariñoso".
- "Si mi amigo me quiere, estará conmigo siempre que yo lo necesite".
- "Si mi amigo me quiere, siempre seré yo su preferencia a la hora de hacer algo o tener un plan".
- "Una relación sana es aquella en la que hay siempre mucha comunicación".
- "Las relaciones de amistad adecuadas son aquellas en las que se habla mucho".
- "Un buen amigo debe adelantarse a las necesidades de su amigo".
- "Si tu amigo-padre-hijo-esposa… te necesita, debes acudir de inmediato".
- "Si alguien a quien quieres o te importa se siente mal por algo que has hecho, es que has obrado mal".
- "Como mejor está la gente que quiero es en mi compañía".

## IMÁGENES SOBRE ÉXITO SOCIAL-EQUILIBRIO PERSONAL-MANUAL DE VIDA

- "Para tener éxito hay que trabajar duro".
- "Para tener éxito hay que ser fuerte de carácter".
- "Un buen profesional debe saberlo todo relativo a su campo".
- "Un buen profesional siempre cumple y lo hace bien".
- "El buen profesional se viste bien y con objetos caros".
- "Una persona equilibrada siempre se siente bien y tranquila".
- "Una persona desarrollada siempre busca ocupaciones que elevan el espíritu y/o el conocimiento intelectual".
- "La persona equilibrada toma decisiones correctas".
- "La persona equilibrada no está sujeta a las pasiones y los vicios de los poco desarrollados".
- "Debo dedicar mi tiempo a algo productivo e intelectualmente estimulante".
- "Tengo que ocupar mi tiempo libre en actividades estimulantes y valiosas".
- "Primero acaba una cosa antes de comenzar con otra".
- "No se deben dejar las cosas a medias".

- "Los demás deben respetar que estás haciendo algo y esperar".
- "El ocio es la madre de todos los vicios".
- "El esfuerzo es lo correcto. Sospecha de lo que te resulte fácil".
- "Debes tratar bien a quien te trata bien".

Claro, mientras la realidad coincida con las leyes de la Imagen, todo estará tranquilo, pero cuando no lo haga (muchas veces), entonces aparece el conflicto y... ¡a esforzarse!, es decir, ¡a enfermarse! Comienzan los denodados esfuerzos, que pueden ser dirigidos al interior: represión, negación..., o al otro: presión, agresión, control, dominio... Estamos entonces dentro de la rueda del sufrimiento.

Así, podemos observar nuestra experiencia cotidiana, en el día a día, y preguntarnos: **¿estoy respondiendo a la situación o a la Imagen?** ¿Estoy respondiendo con la mente o con la conciencia? ¿Actúo o me pregunto por qué, en qué he fallado, qué implicaciones futuras traerá, si es justo o injusto, etc., etc., etc.? Entre la realidad y nuestra percepción, se cuela la Imagen. Y es ella la que determina nuestro actuar. Respondemos más a la Imagen que a la realidad. Y esto nos resta eficacia y nos ocasiona sufrimiento, porque las cosas "no cuadran". Lo que hago no funciona. Parece incluso que empeora las cosas. ¿Cómo es posible si estoy usando mi mente? Pues precisamente: actuar sin la mente, no desde ella, sino desde la conciencia plena, desde la situación.

## RESUMEN DEL CONCEPTO LA MENTE Y SUS IMÁGENES

- Nuestra percepción de la realidad no es directa, sino que está mediada por una serie de procesos que resultan en una percepción.
- En esa construcción de la realidad influyen también los preceptos aprendidos social y culturalmente.
- Solo tenemos acceso al resultado final de lo que hay en nuestra mente (imagen), pero no a sus procesos. Lo solemos llamar "realidad".

## LLÉVALO CONTIGO: ATRAPANDO LA IMAGEN

- Cuando una circunstancia te esté perturbando emocionalmente y lo estés pasando mal, coge lápiz y papel y escribe qué significado distorsionado le estás dando a la situación.
- Para ello, presta especial atención a pensamientos que contengan frases del estilo de las señaladas más arriba, úsalas de guía.
- Intenta identificar el uso de términos como "nunca", "siempre", "horrible", "debería", "tengo/tiene que".
- Una vez tengas las imágenes identificadas y escritas en tu papel, reflexiona sobre su racionalidad y objetividad: ¿de dónde sale su veracidad?, ¿qué elementos contrastables las sostienen?

## TERCER CONCEPTO: EL FUNCIONAMIENTO PROGRAMADO

En este apartado profundizaremos en la idea, explicada ampliamente a lo largo del libro, de que gran parte de nuestro funcionamiento habitual, incluso aquel que creemos más complejo, es en realidad un automatismo, una programación. La mayoría de nuestras respuestas ante las cosas son Hábitos Psicológicos Condicionados (HPC), que constan, como hemos visto, de tres elementos principales:

1. Emociones.
2. Pensamientos.
3. Tendencias de comportamiento.

Pero **¿por qué o para qué estamos programados?** La respuesta es sencilla: nuestro cerebro y sus funciones mentales fueron originalmente diseñados para algo bastante poco poético, aumentar la probabilidad de sobrevivir desde una perspectiva biológica. En este sentido, somos como una bacteria, una cucaracha, un pato o un león… Tenemos una parte de nosotros más amplia de lo que solemos pensar, absolutamente **automatizada.**

¿Cuántas veces te has propuesto que vas a dejar de reaccionar de tal manera o de otra? Te autoconvences de que tal o cual conducta repetitiva no es adecuada o que no te conviene y que vas a dejar de realizarla con tu fuerza de "voluntad". Luego, una enorme frustración cuando te ves cayendo en ella otra vez. Esta frustración puede convertirse con el tiempo en sentimientos de inutilidad o de impotencia y deprimirnos. El problema es que tales conductas están totalmente automatizadas; una vez que se activan, se desencadenan sin remedio; después, cuando vemos lo que ha pasado, nos deprimimos y nos sentimos mal.

A nivel fisiológico, lo que sucede es que se activan **circuitos neuronales,** redes, que guardan la memoria de las emociones, pensamientos y conductas relacionadas con la situación activadora.

**"Cuando no hay nadie en casa"**

La verdad es que hay muchas más situaciones de las que pensamos (y nos gustaría pensar) en las que no intervenimos para nada en nuestro funcionamiento organísmico. Y gracias, porque si tuviéramos que estar pendientes de todos los procesos y conductas que realizamos día a día, te aseguro que, literalmente, no daríamos abasto. ¿Te imaginas que respirar fuera un acto consciente? ¿O parpadear? ¿O hacer la digestión? "Huy, se me olvidó respirar porque estaba haciendo otra cosa". No, afortunadamente, no tenemos que hacer nada de esto de manera consciente.

Hay muchos ejemplos cotidianos de situaciones y procesos en los que no tenemos una intervención consciente. En párrafos anteriores pusimos el ejemplo de la conducción de un vehículo; cuando eres un conductor experimentado y además vas por una ruta habitual, tu cerebro toma el mando de esa conducta. Esto te permite a ti "estar" en otro sitio, porque, en efecto, nosotros solamente **"estamos presentes" donde está nuestra atención.** Si durante ese trayecto estamos enfrascados en un problema que tuvimos ayer con nuestro compañero de trabajo, es allí donde estamos. No, no te preocupes, que tu cerebro va a ejecutar la tarea a la perfección.

Tú solo "volverás" al coche cuando llegues al destino o cuando suceda algo inesperado en la carretera que requiera de tu atención consciente, como un frenazo, una cola o una señal de obras.

¿Y cuándo estamos durmiendo? En ese momento es cuando más evidentemente estamos "desconectados"…, o eso creemos, pero multitud de procesos continúan operando en nosotros: seguimos respirando, el corazón continúa latiendo, hacemos la digestión, segregamos hormonas, etc. Y todo esto mientras estamos en los brazos de Morfeo… Alucinante si lo pensamos detenidamente.

Y otro ejemplo más: ¿qué me dices de las personas que por un accidente o una demencia presentan trastornos de memoria? Pueden no acordarse de cómo se llaman, o quiénes son, pero siguen pudiendo hacer un montón de cosas. Recuerdo el caso de Antonio, de treinta y ocho años. Lo conocí cuando trabajaba de neuropsicólogo en un hospital. Debido a un accidente de moto, despertó en el hospital con una amnesia total sobre su pasado biográfico: no sabía quién era, no reconocía ni a su mujer, ni a sus hijos ni a su madre…, eran completos extraños. Sin embargo, Antonio podía vestirse, hablar, caminar, conducir un vehículo y muchísimas cosas más.

Tampoco es infrecuente la siguiente situación, y me ha tocado vivirla en mi etapa en centros de personas con alzhéimer y otras demencias. Más de una vez, para nuestro nerviosismo, ha desaparecido algún paciente de la unidad. Un paciente con demencia que vive en un centro de alta dependencia, pero… que fue capaz de salir del centro, parar un taxi y convencerlo para que le llevara, sin tener dinero, a su casa familiar que estaba a ¡cien kilómetros! Hecho verídico, aunque cueste creerlo.

### "No eres tan importante ahí dentro"

Pues sí, es una pequeña cura de humildad, pero así es… No somos tan importantes dentro de nuestros cuerpos, al menos para que "la máquina" funcione y sobreviva. De hecho, la inmensa mayoría de los organismos vivientes en este planeta no necesitan tener un "Yo" para su éxito evolutivo. Seamos aún más humildes y pensemos que el **organismo más abundante en la Tierra es una bacteria** marina ultrapequeña llamada Candidatus Pelagibacter ubique. Fue descubierta en 2002 y aún no ha sido nombrada.

En conclusión:

1. No hace falta que estés presente todo el tiempo para que la máquina funcione.
2. No hace falta un "Yo" para que el organismo siga su curso natural de funcionamiento y se mantenga con vida.
3. La mayor parte de nuestro funcionamiento está **automatizado.**
4. Nuestro organismo es un **sistema autoorganizado.**
5. El cerebro opera automáticamente y nuestra percepción consciente no es más que el resultado de todos esos procesos, pero somos "ciegos" a ellos.

Si pudiéramos ser capaces de reconocer y controlar nuestra mente automática, seríamos mucho más libres…; libres de la influencia de nuestras propias imágenes o prejuicios. **Estaríamos más en la realidad y menos en la mente.** Nuestras respuestas estarían más en armonía con los sucesos.

## RESUMEN DEL CONCEPTO
## EL FUNCIONAMIENTO PROGRAMADO

- La mayor parte del funcionamiento físico y psicológico de nuestro organismo es **automático**, no necesita del concurso de nuestra voluntad ni de nuestra conciencia.
- A nivel psicológico, estamos presentes donde está nuestra atención. Por tanto, si nuestra atención está en un sitio diferente de la situación en la que estamos, el piloto automático tomará el control.

## LLÉVALO CONTIGO: AUTOINSTRUCCIONES

- Una manera muy sencilla de salir del piloto automático es la técnica de autoinstrucciones.
- Consiste en ir verbalizando (en voz alta, susurro o pensamiento) lo que estás haciendo en cada momento, prestando atención a cada movimiento que vas a realizar. Es como si te estuvieras dando instrucciones a ti mismo de lo que tienes que hacer.
- Por ejemplo: "ahora voy a coger la cartera y las llaves porque voy a salir. Me dirijo ahora a abrir la puerta, quito el pestillo, giro el pomo…, ahora cierro y paso la llave…".

## CUARTO CONCEPTO: LOS GUARDIANES DEL PASADO

En este apartado veremos un modelo muy útil y completo de cómo se activan en nuestra mente los Hábitos Psicológicos Condicionados (funcionamiento programado), que, como hemos visto, constan de emociones, conductas y pensamientos almacenados en nuestro cerebro en "paquetes" o "tríadas".

Lo vamos a hacer desde una orientación de la psicología heredera de las corrientes más psicodinámicas como el psicoanálisis, aunque en su evolución incluyó elementos de la psicología cognitiva: el **análisis conciliatorio o transaccional.** Se trata de una forma de psicoterapia desarrollada por

Eric Berne que nos proporciona, de una manera sencilla y elegante, un ca-mino para posicionarnos y superar nuestros Hábitos Psicológicos Condi-cionados o automatismos. Todo esto queda brillantemente recogido en su libro El análisis transaccional en psicoterapia, que recomiendo al lector.

Ya el neurocirujano Wilder Penfield en los años 40 y 50 del siglo pasado, se dio cuenta de que el cerebro es una grabadora de alta fidelidad. Penfield era neurocirujano y comenzó a operar el cerebro con el paciente despierto. El tejido cerebral no es sensible al dolor, por lo que no es necesario dormir al paciente. Se aplicaba anestesia local para abrir el cuero cabelludo y el crá-neo, y luego se operaba en el cerebro con el paciente consciente.

Con su bisturí eléctrico iba estimulando determinadas zonas del cerebro para localizar el área a operar. Pues bien, lo que descubrió no solo le per-mitió hacer un **mapa sensorial** de la corteza cerebral (el famoso homún-culo de Penfield; ver figura), sino que descubrió que, estimulando ciertas zonas de la corteza aparecían en el paciente determinados y muy vívidos recuerdos, acompañados de un tono emocional. Por ejemplo, al estimular un determinado punto del cerebro, un paciente podía recordarse a sí mismo de niño comprando el pan en la panadería de su barrio y "oler" el intenso aroma a pan recién hecho. El paciente no era consciente de guardar aquel recuerdo, simplemente "aparecía" al estimular un punto concreto de su corteza cerebral.

Cuando, en otro momento, volvía a estimular ese punto concreto, volvía a aparecer exactamente el mismo recuerdo y no otro.

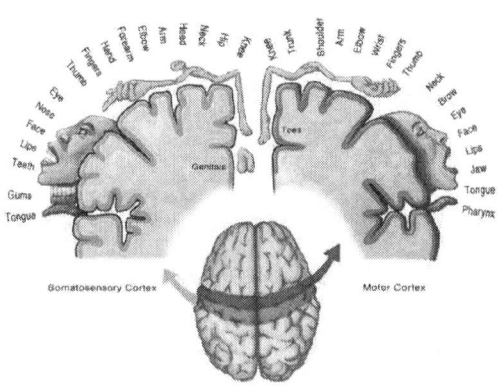

De aquí se concluyó que el cerebro tiene una enorme capacidad para guardar cantidades ingentes de recuerdos e información, aunque no seamos conscientes de ella en todo momento, y que determinadas situaciones o estímulos pueden activar un recuerdo concreto, que viene con "carga emocional".

Es la prueba **objetiva** de la existencia de lo que hemos llamado los HPC (Hábitos Psicológicos Condicionados).

Eric Berne, por su parte, se dio cuenta de que, si nos fijamos, las personas cambian ante nuestros ojos en multitud de ocasiones, pareciendo que albergáramos distintas "personalidades". Esto es por la activación de los HPC en determinadas situaciones. Según Berne, las grabaciones de nuestras situaciones emocionalmente significativas tenidas en nuestra vida están disponibles en nuestro cerebro como en una máquina de discos, preparadas para activarse desde que alguien introduzca una moneda y apriete el código correspondiente.

Las grabaciones son literales y se reproducen de esta manera, literal. Es como "si estuviéramos allí" de nuevo. Corresponden a situaciones, hechos y personas reales.

Para Berne, existen, en consecuencia, tres modos de funcionamiento del "yo", de los cuales dos pertenecen al pasado y uno se desarrolla a tiempo real. Estos modos de funcionamiento los llamó El Niño, El Padre y El Adulto. Veamos cada uno de manera resumida para hacernos una idea:

**1. El Niño.** Se trata de las grabaciones acumuladas del niño que fuimos, sus reacciones y emociones frente a las circunstancias que vivió. Los niños viven atrapados en el imperativo entre sus necesidades inmediatas (como, por ejemplo, descargar la vejiga o jugar) y las convenciones sociales que deben aprender a respetar. Cuando el niño que fuimos sufrió situaciones en las que emociones intensas se activaron, se almacenaron tal cual, y hay numerosas situaciones en nuestra vida presente que pueden activar estas grabaciones, activando la tríada recuerdo/emoción/conducta, es decir, nuestro "piloto automático".

¿Te acuerdas cuando hablamos del desarrollo inclusivo en el apartado "La estructura psicológica del ser humano"? Te reproduzco el gráfico que puse allí para que lo recuerdes:

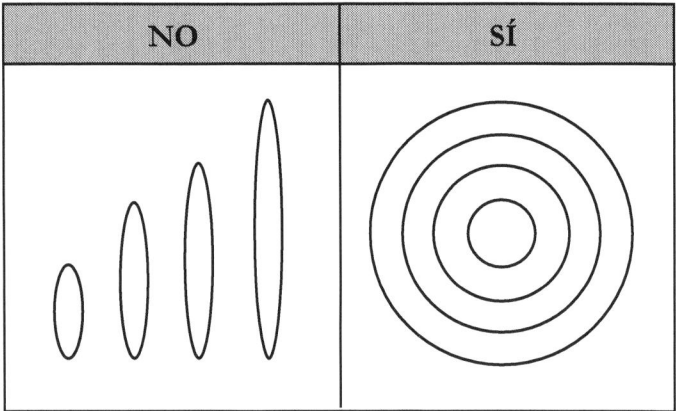

El niño que fuimos, en forma de recuerdos, está grabado en nuestro disco duro. Cuando se activan las grabaciones correspondientes al niño, nuestra conducta se torna de esta manera, como la del niño que fuimos, exigentes, asustados, caprichosos…, y hacemos cosas impropias de lo que solemos ser el resto del día: gritar, llorar, manipular, mentir, etc.

Obviamente, mientras más dañado esté el niño (es decir, cargado de emociones negativas relacionadas con el miedo y la incertidumbre), más interferirá en nuestra vida y nuestras decisiones personales.

**2. El Padre.** En este caso nos encontramos ante las grabaciones de lo que nos comunicaban (y cómo nos lo comunicaban) nuestras figuras parentales. Las normas y el estilo afectivo. Los "debería" y los "tengo que" forman parte de este almacén de información. Mientras más severos y rígidos sean los preceptos grabados en este almacén, más dificultades tendremos para "escapar" de ellos, aunque no correspondan con nuestra realidad actual.

Ojo, por figuras parentales me refiero a padre y/o madre, pero también a otras fuentes de autoridad o educativas con las que el niño convivió: tíos, hermanos, profesores…; de manera más habitual suelen ser el padre y la madre que te criaron.

Tengamos en cuenta que la información que proviene de esta fuente de autoridad es grabada de manera literal por el niño, sin matices ni medias tintas, sino como verdades sagradas y absolutas. Se procesan sin discusión y, cuando se activan, suelen provocar malestar, vergüenza y culpa. Sobre todo, si esta fuente de autoridad fue disfuncional, nos generará más problemas en esta área.

Las autorrecriminaciones, las exigencias irrealizables, los autorreproches, suelen formar parte de este almacén cuando es activado y nos pone en "modo padre". Nos tornamos paternalistas cuando no directamente super-exigentes con nosotros mismos y con los demás.

De lo visto hasta ahora se colige que ambos modos, el Niño y el Padre, variarán entre las personas según su propia y real experiencia, con más o menos daño, con más o menos exigencia…

**3. El adulto.** Este modo de funcionamiento del yo vive y trabaja en el presente. Es equivalente a lo que he nombrado durante todo el libro como "Yo Observador" (YOb), es decir, ese "Yo" que debemos ser, que se sitúa fuera del flujo de Hábitos Psicológicos Condicionados que están grabados en los almacenes del Niño y del Padre. En el apartado de las técnicas veremos cuán útil resulta esta orientación del análisis conciliatorio para mejorar nuestros estados de ánimo y vivir mejor.

El Adulto, en definitiva, es la lógica, la razón. Se trata de una interpretación del mundo racional y basada en los datos presentes objetivos. La parte de nosotros que **observa** al Niño y al Padre y que nos dice que no puede ser "terrible" perder a nuestra pareja si en la escala debemos meter la muerte o la enfermedad de un ser querido.

Nos ayuda a salir del **extremismo** intrínseco del Niño y del Padre, haciéndonos ver que, si calificamos perder la pareja de "terrible", no dejamos espacio en la escala de valor para otros sucesos que son, a todas luces más invalidantes, incapacitantes o dolorosos.

Así que repite conmigo: "Yo no soy el Niño ni el Padre, yo soy el Adulto". O, lo que es lo mismo: "Yo no soy mi mente", o "Yo no soy mis Hábitos Psicológicos Condicionados". ¿Quién soy entonces? El que se sitúa "fuera" **observando** todo eso con una sonrisa condescendiente, sabiendo que no son ajustadas a la realidad las valoraciones que se producen en este modo de funcionar con "piloto automático".

En resumen, la siguiente figura refleja la estructura propuesta por el análisis conciliatorio. Encima de la raya se sitúan los HPC (el Niño y el Padre) y, debajo, nuestra conciencia o Yo Observador (el Adulto).

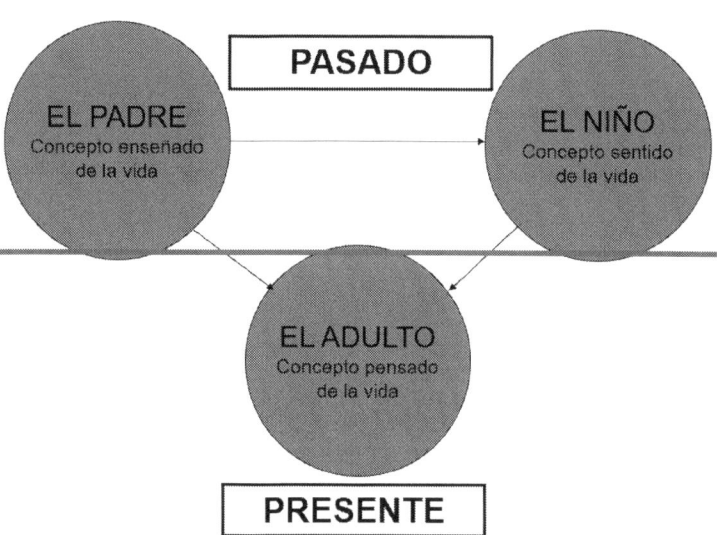

| RESUMEN DEL CONCEPTO LOS GUARDIANES DEL PASADO |
|---|
| - Los HPC se graban en nuestra mente y se "almacenan" en dos compartimentos; a uno lo llamamos "el Padre" y a otro "el Niño". <br> - En el Padre se graban las reacciones relacionadas con la relación de nuestras figuras parentales hacia nosotros. En el Niño se graban las reacciones relacionadas con el niño que realmente fuimos. <br> - Tú no eres ni el Padre ni el Niño, tú eres el Adulto. El que observa e interpreta la realidad con datos en el presente. |

| LLÉVALO CONTIGO: ¡ANALIZA Y TOMA NOTA! |
|---|
| - De momento, hasta que profundicemos en las técnicas, puedes ir tomando nota, con lápiz y papel, de las situaciones del día en las que consideras que se han podido activar contenidos del Padre o del Niño, intentando descubrir si provienen de un compartimento o del otro. Puedes crear dos columnas con cada uno e ir escribiendo las situaciones debajo del que corresponda. |

## QUINTO CONCEPTO: ESTABILIDAD Y CRISIS

Existen sólo dos estados posibles para todas las cosas del Universo: estabilidad y crisis. De cómo los manejemos depende nuestro bienestar. Veamos un esquema:

| ESTABILIDAD-EQUILIBRIO | INESTABILIDAD-CRISIS |
|---|---|
| • Calma emocional <br> • Salud. Funcionamiento sin esfuerzo <br> • Proyectos-logros-construir <br> • OBJETIVO: Desarrollarse, crecer <br> • ÉXITO: Mejorar <br> • EMOCIÓN: AMOR | • Emociones intensas <br> • Salud. Esfuerzo. Enfermedad si es sostenida <br> • Sostener-mal menor-capear-contener-estado de excepción <br> • OBJETIVO: Gestionar <br> • ÉXITO: No empeorar <br> • EMOCIÓN: MIEDO |

Las cosas del Universo funcionan mediante unas leyes de equilibrio, es decir, cuando funcionan bien, lo hacen **sin esfuerzo,** en un estado de calma y equilibrio homeostático.

La crisis o inestabilidad es algo natural e inevitable. Sucede cuando ocurren acontecimientos que amenazan la estabilidad del sistema, forzándole a cambiar o a la muerte. Ejemplos de crisis son:

- Un planeta que choca con un cuerpo celeste y cambia de órbita.
- Una reacción ante un alimento rechazado.
- Cambio de polo magnético de la Tierra.
- Estados de miedo o ansiedad.
- Rabietas de niños.

En general, cualquier evento que amenace la estabilidad. Las claves son dos:

1. Aceptar y reconocer las crisis o estados de inestabilidad como algo natural que pasará y volverá el equilibrio (el mismo u otro).
2. Cómo manejamos uno y otro estado.

Así, en los momentos de estabilidad y equilibrio, es la oportunidad para crecer, desarrollarse, realizar proyectos. El éxito es mejorar. La gasolina, el amor. En cambio, durante las crisis, el objetivo es gestionar, capear, contener, evitar empeorar. El éxito en este caso es no empeorar. La gasolina, minimizar daños.

Si equivocamos la estrategia y tratamos de desarrollarnos o avanzar hacia logros en un estado de crisis, solo lograremos enfermar y empeorar las cosas. Nuestra estrategia es ineficaz. Si, por el contrario, tratamos solamente de sostenernos y gestionar durante la estabilidad, nuevamente estaremos en una dirección equivocada, desperdiciando nuestra oportunidad de crecer y desarrollarnos. Estaremos estancados.

Durante los períodos de crisis la metáfora adecuada es la de la tormenta.

Eres un pescador que tiene su barca amarrada en el muelle. Hay tormenta. ¿Sales a faenar? Evidentemente, los hombres de mar no lo hacen. La barca se queda amarrada. Mejor perder el trabajo de dos días que la barca y tal vez también la vida. Esa es la mejor manera de negociar con la tormenta. Quizás alguno piense que es mejor luchar con la tormenta, desafiarla, salir en su busca... Ya no pensará más. La estrategia no es la lucha, sino la espera.

¿Y las tormentas emocionales? ¿Qué hacemos con ellas? Pues lo mismo: capear el temporal, esperar a que amaine. Las emociones tienen su ciclo como las olas del mar. Las olas vienen en series de varias. En ese momento no es conveniente tratar de alcanzar la orilla si uno está en dificultades; puede agotarse y ahogarse. Sosteniéndonos a flote durante el oleaje, esperaremos nuestra oportunidad para salir a la orilla cuando termine el ciclo de la serie de olas. ¿Y si ponemos un dique para frenar las olas? Pues sucede que retrocederán con tanta fuerza como choquen contra él. No solo no las haremos desaparecer, sino que provocaremos una fuerza aún mayor debido a la presión. Lo mismo que ocurre cuando tratamos de contener las emociones, que también son ondas como las olas y el sonido. No son una fiera salvaje contra la que hay que luchar, sino algo con movimiento ondulatorio. En esos casos, tratar de frenar con alguna acción directa esas ondas hará que reboten conservando la energía.

Para comprender este concepto nos viene muy bien un cuento budista que circula por las redes llamado **"Cuando no sepas qué hacer, no hagas nada, la respuesta está en la quietud mental"**:

*Buda y sus discípulos emprendieron un largo viaje durante el cual atravesarían diferentes ciudades. Un día muy caluroso, divisaron un lago y se detuvieron, asediados por la sed. Buda solicitó a su discípulo más joven, famoso por su carácter impaciente:*

*—Tengo sed. ¿Puedes traerme un poco de agua de ese lago?*
*El discípulo se dirigió hacia el lago, pero cuando llegó, vio que, justo en ese momento, un carro de bueyes estaba atravesándolo. Como resultado, el agua se volvió muy turbia. El discípulo pensó: "No puedo darle al maestro esta agua fangosa para beber".*

*Así que regresó y le dijo a Buda:*

*—El agua del lago es muy fangosa. No creo que podamos beberla.*
*Al cabo de media hora, Buda le pidió al mismo discípulo que volviera al lago y le trajera un poco de agua para beber. El discípulo regresó al lago. Sin embargo, para su pesar, descubrió que el agua seguía sucia. Regresó y se lo dijo a Buda, esta vez con tono concluyente:*

*—El agua de ese lago no se puede beber. Será mejor que caminemos hasta el pueblo para que los aldeanos nos den de beber.*

*Buda no le respondió, pero tampoco se movió. Al cabo de un tiempo, le pidió al mismo discípulo que regresara al lago y le trajera agua.*

*El discípulo se encaminó al lago porque no quería desafiar a su maestro, pero se sentía furioso de que lo enviara una y otra vez al lago, cuando ya sabía que aquella agua fangosa no se podía beber.*

*Sin embargo, cuando llegó, el agua era cristalina. Así que recogió un poco y se la llevó a Buda.*

*Buda miró el agua y luego le dijo a su discípulo:*

*—¿Qué hiciste para limpiar el agua?*

*El discípulo no entendía la pregunta. Era evidente que no había hecho nada. Buda le explicó:*

*—Esperas y la dejas ser. Así el barro se asienta por sí solo, y tienes agua limpia. ¡Tu mente también es así! Cuando se perturba, solo tienes que dejarla estar. Dale un poco de tiempo. No seas impaciente. Encontrará el equilibrio por sí misma. No tienes que hacer ningún esfuerzo para calmarla. Todo pasará si no te aferras.*

Durante la crisis, lo primero que debemos pensar es que siempre volverá la estabilidad, y que, dependiendo de lo que haga, llegará antes o después.

En casos extremos, el sistema puede desaparecer.

Pero no todas las crisis requieren la inacción. Cuando hablamos de crisis, no solo hablamos de crisis energéticas como las emociones, también de cosas menos prosaicas como repeler el ataque de un perro rabioso. ¿Debemos en ese caso esperar a que amaine su rabia? No, claro; en ese caso la estrategia de elección también es física, igual que el factor que desencadena la crisis (el ataque del perro). Nos defenderemos con acciones físicas, sean de ataque o de defensa, incluida la huida.

Ante la energía de las emociones, la inacción, ya que añadir energía a la energía suele acabar mal (recordemos la tormenta o las olas que encuentran un dique). Echamos leña al fuego cuando ante una crisis emocional añadimos más emoción (la de tratar de esforzarse por salir de ese estado, o enfadarnos ante una rabieta de nuestro hijo, o tratar de bloquearla con algún "muro"). La energía emocional se disipará cuando cumpla su ciclo, igual que las olas del mar romperán en la playa.

Un ejemplo muy clarificador sería el caso de que te encontraras nadando en el mar dentro de una fuerte corriente. ¿Por qué se ahoga la gente? Pues se ahoga por agotamiento por lo general, ya que, por el miedo precisamente a no poder salir del agua, comienzan a hacer denodados esfuerzos por alcanzar la orilla y, finalmente, se agotan y se ahogan, aun sabiendo nadar correctamente. ¿Qué se debe hacer en esta situación? Pues lo contrario de lo que te pide el cuerpo, lleno de miedo en ese momento... ¿Sabes flotar? Pues flotar y esperar a que la propia corriente te dirija a algún sitio. **No hay otra. La respuesta es no luchar, sino flotar y dejarse llevar.**

Por supuesto, en ambos casos, gestionando estados emocionales o ataques de perros rabiosos, no debemos tratar de buscar mejoras o desarrollo, sino evitar que las cosas pasen a peor, que las emociones me abrumen o el perro me arranque un dedo.

Durante los períodos de crisis no se trata de crecer, sino de no sufrir recortes, de no acabar peor. Se trata de sostenerse, de capear ese estado de excepción. No olvidemos que estamos en estado de crisis. El crecimiento y los logros son para la estabilidad. Mientras el perro nos ataca no podemos estar pensando en que se nos arruga el traje, o mientras nos sentimos rabiosos no es momento para querer encontrar el trabajo de nuestra vida. O en medio de una crisis de pareja no es inteligente esperar que las cosas debieran ir estupendamente, con conductas cariñosas. En este caso, gestionar la crisis, no empeorar, frenar el retroceso.

| RESUMEN DEL CONCEPTO ESTABILIDAD Y CRISIS |
|---|
| - Todas las cosas del universo funcionan conforme a unas leyes y mantienen un equilibrio alrededor de ellas. |
| - De vez en cuando, un evento inesperado rompe ese funcionamiento equilibrado y se produce una situación de "crisis". |
| - Es clave saber afrontar y transitar por una u otra situación, tanto en los períodos de equilibrio como en los de crisis. |
| - Estabilidad: período para crecimiento, desarrollo, exploración, aproximación. |
| - Crisis: período para contener, acompañar, gestionar, protegerse. |

| LLÉVALO CONTIGO: LISTADO DE SITUACIONES |
|---|
| - En una hoja, haz un listado de situaciones en tu vida en las que consideras que has atravesado una situación de crisis por los motivos que sea. |
| - Reflexiona sobre cómo la afrontaste y, repasando el apartado, valora si pudiste haber hecho o dejado de hacer ciertas cosas. ¿Luchaste cuando no debías? |
| - Si estás pasando ahora mismo una crisis, planifica tu actuación según las pautas que hemos visto. |

# LAS CINCO TÉCNICAS

Por fin, llegamos al momento culminante de cualquier proceso de aprendizaje: la práctica. No tomarse en serio el entrenamiento llegados a este punto te aseguro que sería como morir en la orilla... Una verdadera pena. Ya hemos aprendido la teoría y los conceptos básicos que tenemos que saber. Si estuviéramos aprendiendo a jugar al tenis, esto implicaría haber leído o escuchado una o varias charlas sobre las reglas del juego, dimensiones de la pista, dinámica, formas de golpear la pelota, modalidades, torneos, etc.

Y, además, aun sin tocar la pelota, ya habríamos hecho nuestros primeros pinitos de práctica en el apartado anterior, con los cuadros-resumen. Es como si el entrenador nos hubiera enseñado cómo agarrar la raqueta y el movimiento básico de golpeo, o cómo posicionarnos en la pista.

Ahora vamos a aprender cómo practicar para interiorizar y automatizar los movimientos propios de la disciplina, en este caso, un método para tener salud emocional y vivir mejor.

Es muy importante que entiendas que, según sea tu problema o tipo de neurosis (alteración emocional), te vendrán mejor unas técnicas u otras. También puede suceder que prefieras unas sobre otras. Perfecto, para eso te planteo un abanico de opciones, para que tengas donde elegir.

Además, después de ver todas las técnicas y para facilitarte aún más tu proceso de cambio y mejora, al final del apartado de técnicas te voy a proponer **dos planes de entrenamiento** diferentes para que puedas elegir, tengas una guía y puedas insertar el entrenamiento en tu vida cotidiana.

## PRIMERA TÉCNICA: LA OBSERVACIÓN INTELIGENTE

Bueno, ya debe haber quedado claro a estas alturas que el camino para el bienestar es el **descondicionamiento de los procesos automáticos de la mente.**

En cualquier caso, no es tan sencillo. Por supuesto, no se trata de aplicar técnicas ni de seguir ningún tipo de disciplina, pues estaríamos sencillamente saliendo de una Imagen para entrar en otra Imagen distinta. Es decir, ¿cómo salir de la mente si estoy en la mente? No se puede, así no. En este momento solo puedo observar. Cualquier disciplina, cualquier técnica, cualquier esfuerzo, no hacen más que cambiar la forma, pero sigo en la mente… y en la Imagen.

Si estamos viviendo bajo un condicionamiento o programación, todas nuestras percepciones son producto de este condicionamiento. ¿Cómo escapar de él? Vaya, qué decepción, parece que no hay salida… Bueno, hay una que ya hemos nombrado: la observación. **A partir de la observación objetiva de lo que sucede dentro de nuestra mente podemos comenzar a distanciarnos de esos procesos.** Y ahora que tenemos claros algunos conceptos relacionados con el funcionamiento automático de nuestra mente estamos en disposición de poder distanciarnos y diferenciar entre "Yo" y esos procesos… **¿Quién soy yo? Pues el que observa los procesos.**

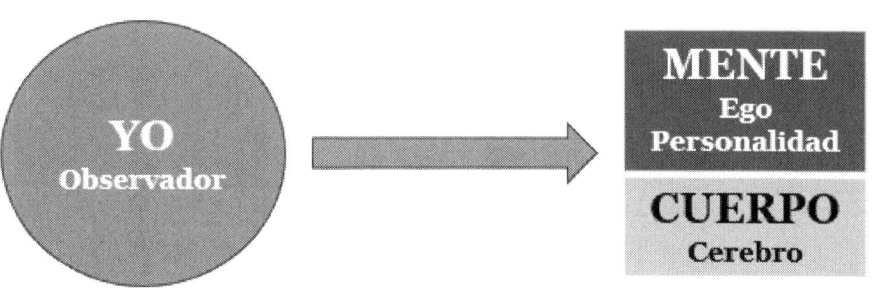

Por eso, existe un axioma muy sencillo que respetar: "No intentes percibir sin condicionamiento, porque estás en la mente. Aprende sólo a observar". Estar dentro de la mente es como estar atrapado por una mano en un nudo corredizo. Mientras más tiras, más te aprieta y más atrapado quedas en él.

No obstante, es fácil escapar de él cuando cesa la presión. Entonces se afloja por sí solo. La cuestión **no es oponer resistencia,** ya que para esto hay que utilizar otros condicionamientos y procesos iguales a aquellos de los que queremos salir.

¿Y qué es observar? Pues… que lo que sea es y será. Es una gran oportunidad para aprender. Sólo observando mi condicionamiento puedo salir de él. **Observa cómo funcionan tus procesos condicionados** y sabrás cuándo ha llegado la libertad sin condicionamiento… Con los conceptos que hemos aprendido anteriormente sobre nuestra programación mental ya sabemos lo más importante: **adónde mirar.** No se trata de intentar de evitar ni cambiar nada, sino simplemente observar los procesos.

Lo único que puedo hacer es observar, estudiar, **como un científico naturalista** que pasa horas y horas en una cabaña camuflada observando y registrando la conducta de un animal. Debemos, pues, convertirnos en agudos observadores e investigadores, sin sacar conclusiones. Estamos simplemente observando. Las conclusiones son cosas de la mente. Nos quedamos en la descripción. Sin interpretar, sin juzgar, sin poner calificativos.

Una manera muy sencilla de aprender a observar es utilizar algún tipo de autorregistro de lo que sucede dentro de nuestra mente, de sus procesos. **Desautomatizando lo automático** daremos el primer paso hacia el bienestar.

El autorregistro puede ayudarnos a practicar la observación aséptica, entrenando a nuestro Yo Observador para que cada vez esté más presente. Se trata de **observar sin evaluar,** sino describiendo.

En el cuadro de abajo, vemos un ejemplo de autorregistro. Es un ejemplo real, de una paciente, Claudia, de cuarenta y dos años. En cada casilla vamos rellenando lo que corresponda, cada vez que vivamos una situación que nos perturbe o nos haga sentir mal. Anotaremos una breve descripción de lo que pasó, lo que pensaste y las emociones que sentiste.

## HAZLO ASÍ

| FECHA HORA | SITUACIÓN Describe la situación en la que te sentiste mal, qué pasó | PENSAMIENTOS Describe todos los pensamientos que pasaron por tu cabeza en esa situación | SENTIMIENTOS Describe todas las emociones que sentiste (rabia, tristeza, depresión, ansiedad...) |
|---|---|---|---|
| 19.02 | Al terminar de hacer las tareas del hogar, regresan a casa y no valoran el esfuerzo de todos los días y tiran, ensucian y no recogen. | Ganas de coger el coche y desaparecer. cerrar los ojos e imaginarme el cómo sería no estar ni sentir. No sentirme valorada y para qué estoy aquí y hago esto. | Rabia, tristeza, ansiedad, impotencia y depresión. |
| 20.02 | No ponerme a estudiar las oposiciones ni ir a clase, porque no tengo ganas de ver ni hablar con nadie. | Desprecio hacia mí persona. No paro de pensar que soy una vaga e ignorante. | Tristeza, ansiedad, culpabilidad, falta de ánimo y autoestima. |
| 20.02 | Cuando mi marido me corrige al hacer los deberes con la niña porque dice que él lo explica de otra manera. | Ganas de darle una paliza y de separarme de él. | Rabia, ansiedad y falta de autoestima. |
| 21.02 | Viajar en avión. | Pienso que el avión se va a estrellar y que tengo que salvara mi hija. | Ansiedad y ataque de pánico. |
|  |  |  |  |

Los autorregistros son un clásico de las consultas de psicología, sobre todo de la modalidad cognitiva o cognitivo-conductual. Créeme que son tremendamente útiles como punto de partida y para empezar a cambiar también hábitos, ya que te cambia el foco de la atención y te permite "ver desde fuera".

En otro paso posterior, aprenderemos qué hacer con esta información, pues debe ser nuestro YOb el que interprete la realidad, desde el presente y la razón. Te adelanto que Claudia mejoró muchísimo después de practicar con los ejercicios que verás en el apartado siguiente.

### SEGUNDA TÉCNICA: ENTRENAR HÁBITOS BENEFICIOSOS PARA UNA VIDA FELIZ

En este apartado veremos algo clave para alcanzar nuestro bienestar emocional y una felicidad a largo plazo: cómo desactivar los hábitos psicológicos negativos, y ponernos las deseadas gafas verdes.

Hoy está muy de moda el concepto de "desaprender" como una de las claves para el bienestar. Y es cierto, es casi más importante quitarnos de encima nuestra forma perjudicial de hacer las cosas que aprender otras nuevas. Pero una cosa va ligada a la otra. Para poder abandonar nuestros antiguos hábitos es muy importante aprender otros que además sean incompatibles con los antiguos malos hábitos.

El conjunto de técnicas propuestas en este apartado es, en su esencia, incompatible con los malos hábitos que deseamos eliminar, al menos mientras los practicamos. Verás que al principio es posible que unos y otros, buenos y malos hábitos, convivan y que se activen alternativamente. Eso es buenísimo, ya que significa que todo el espacio de tiempo que un HPC positivo ocupe en tu vida no lo está ocupando un HPC negativo, con lo cual le estás restando tiempo a tu malestar emocional y repercutirá en tu salud física y mental. Mejor un 20% de bienestar en tu vida que un 2%.

El proceso se irá materializando más o menos como se ilustra en la gráfica

| HPC + | HPC - |
|---|---|
| HPC + | HPC - |
| HPC + | HPC - |

¿Cómo se aprende un nuevo hábito, de la clase que sea? En este caso, se trata de hábitos psicológicos, pero la adquisición es análoga para cualquiera. Se trata de repetir movimientos que previamente hemos aprendido, evidentemente, de manos de un experto. Con la repetición se va generando una retroalimentación positiva y se va formando una huella neurológica que, una vez fortalecida en un circuito permanente, se convierte en un nuevo hábito. Veamos la figura:

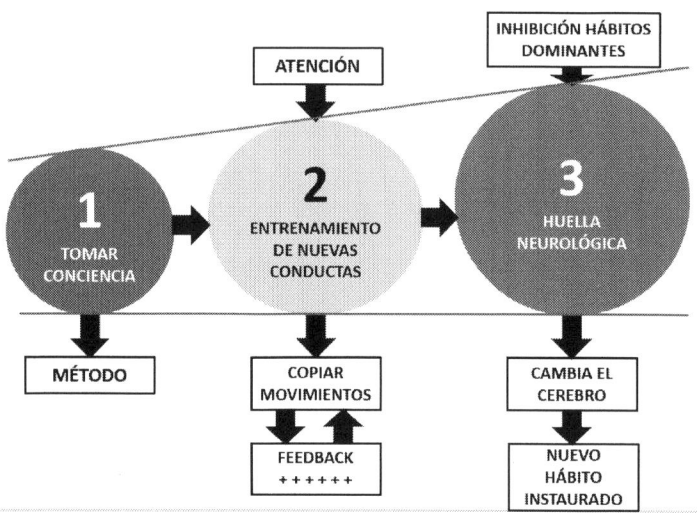

Te lo voy a poner con un ejemplo que resulta mucho más sencillo de entender. Imagina que acudes a un médico nutricionista. Este te hará tomar conciencia de tu situación: estás en sobrepeso y tus analíticas de sangre son un desastre. Necesitas un cambio, y para esto, el técnico, que es el médico, debe enseñarte un método. Esto podemos verlo en la figura representado en la fase 1.

El método de tu nutricionista va a ser un programa de ejercicio físico junto con una dieta. Entramos en la fase 2, donde debes prestar **atención consciente** para realizar las conductas que te ha prescrito el profesional (ejercicio y dieta); para ello te vales de un *planning* y te marcas unos horarios: cuándo, cómo y dónde (en el gimnasio, en casa, en el comedor del trabajo, etc.). Copiando los movimientos (conductas) que te ha indicado el experto, al principio no notarás nada, pero al cabo de repetirlos empezarás a tener una retroalimentación positiva, ya que vas obteniendo resultados en la línea deseada, como bajar de peso o sentirte con más energía en este caso. Esta retroalimentación, o resultados positivos, te anima (motivación) para seguir adelante con el entrenamiento.

El motivo de que debas prestar atención consciente al principio y planificar

tus entrenamientos es porque se trata de conductas o movimientos que no tienes interiorizados ni integrados en tu vida cotidiana (hacer ejercicio y comer sano en este caso).

Pero, tranquilidad, que una vez que pases al paso 3, y esto sucederá después de un tiempo de persistir en la repetición (entrenamiento), se va generando lo que se llama una **"huella neurológica"**, es decir, un cambio permanente en el cerebro porque se generan y consolidan nuevas conexiones y redes neuronales. El nuevo hábito está instaurado. Y, además, las nuevas redes inhiben (desactivan) las viejas, es decir, se "apagan" los antiguos hábitos y cada vez se hace menos probable su activación.

Y… ¡listo! Nuevo hábito instaurado y a disfrutar de sus efectos beneficiosos sin esfuerzo cuando se haya automatizado.

Bien, tú ya has transitado el paso 1. A través de la lectura del libro hasta el momento ya has tomado conciencia de lo que debes ir cambiando y cómo (método). Ahora toca que pasemos al paso 2, que es el del entrenamiento, y estas tres técnicas que vienen a continuación son las que te propongo, junto a otras que ya has visto en apartados anteriores y algunas más que verás más adelante.

### • Positividad y agradecimiento

En este apartado te voy a proponer ensayar unos hábitos psicológicos que está demostrado que **utilizan de manera habitual** las personas que se definen como equilibradas y felices.

Como descubrirás, en modo alguno se trata de un tipo de autoengaño, sino de acostumbrarse a poner el foco, el filtro, no solo en una parte de la experiencia, sino en toda y preferentemente en la que nos beneficia. Ser positivo y agradecido no implica negar la existencia de inconvenientes o problemas, ni mucho menos dejar de ocuparse de ellos.

Una de las definiciones más extendidas de la felicidad, y con la que estoy completamente de acuerdo, es que las personas felices 1) están más conformes y se sienten agradecidas con lo que tienen y con sus vidas presentes, y 2) tienden a poner el foco de manera predominante en los aspectos positivos de su experiencia.

Vaya, justo al contrario que las personas con desórdenes emocionales e infelices: estas suelen estar disconformes con su presente y se pasan el tiempo divagando sobre un pasado o un futuro mejores que les hizo o les hará felices (cuando consiga esto o aquello, cuando tenga una pareja que me quiera, etc.), y, además, suelen poner el foco de su experiencia en los aspectos negativos y usando unos pensamientos y lenguaje consecuentemente catastróficos.

Y esto todos los días. Y durante muchos años. Imagínate el nivel de malestar e infelicidad que se provocan a sí mismas.

Hay muchas personas que consideran que aplicar estas técnicas supone como una especie de "despreocupación" o de negación de la realidad. Otras, que me he encontrado en la consulta con cierta frecuencia, parecen sostener como que preocuparse es algo "bueno" o "necesario" porque te mantiene alerta y evita que te pasen las cosas. Pero esto no es así realmente. Comportarse de manera positiva y agradecida no implica negar ni dejar de ocuparse de los problemas en ningún caso, sino ocuparse (en lugar de preocuparse) de ellos con una mejor disposición de ánimo. Simplemente piensa a qué tipo de persona desearías tener al lado en una situación de emergencia.

Para practicar la visión positiva y el agradecimiento, te voy a proponer dos ejercicios, vamos allá.

**Ejercicio 1: libreta de experiencias positivas**

¿Te has percatado de cuántas veces has tenido un día en el que has hecho decenas o cientos de cosas bien y por una o dos que te salieron mal te vas a casa pensando y dándole vueltas a esas exclusivamente? En este caso, con un balance de 35 a 2 en éxito-fracaso, te vas con una amarga sensación de fracaso generalizado. No negamos que lo que no salió bien no salió bien, pero lo que salió bien salió bien.

Es un gran problema que sucede cuando **solo ponemos el filtro en lo que salió mal** y dejamos pasar o no atendemos, no ponemos en valor, lo que ha sido bueno y positivo.

---

### HAZLO ASÍ

El ejercicio es bien sencillo: escribe todos los días, antes de meterte en la cama, todo lo bueno que recuerdes que te ha sucedido en el día, enfocándote en las emociones positivas que experimentaste y en las acciones y resultados positivos en general. Oblígate a escribir al menos cinco elementos.

---

Hay personas que te llegan a decir, yo lo he escuchado en multitud de ocasiones, que sus situaciones positivas del día son "tonterías", o incluso que no les ha pasado nada positivo en absoluto. Esto es porque no le dan el mismo **valor,** por ejemplo, a una conversación agradable y una sonrisa amable con la cajera del supermercado que a haber cometido un error tonto y subsanable en un informe del trabajo. Es decir, se sobreatienden y sobrevaloran las situaciones de fracaso o error y se desatienden y minusvaloran las positivas o bien ejecutadas.

Es como hacerse sordo a una frecuencia de sonido, en este caso a una frecuencia de la experiencia amigable.

### Ejercicio 2: agradecimiento

Esto es un clásico de la felicidad y las personas felices: apreciar de manera consciente lo que tienen en sus vidas. No lo que les falta, no lo que no tienen, que serán muchas cosas, como todo el mundo, y a veces hasta más. Este ejercicio te hará atenuar la necesidad de tener cosas, de posponer el

sentirte bien a un futuro en el que tendrás tal o cual cosa, habrás escrito un libro, tendrás pareja, ese trabajo que quieres, etc. Si lo consigues, estupendo. Entretanto, aprende a sentirte agradecido con lo que tienes y empezarás a estar bien aquí y ahora.

---

### HAZLO ASÍ

Dedica un rato al principio y otro rato al final del día para reflexionar sobre todas las cosas que tienes en tu vida AHORA, en estos momentos (aunque hay otras menos agradables) y por las que debas sentirte agradecido… Repásalas en tu mente repitiendo "doy gracias por…". Repítelo a diario de forma indefinida.

---

Un aspecto muy importante a tener en cuenta es que la práctica diaria de este ejercicio es compatible con cualquier otra u otras circunstancias que estemos viviendo y sean de carácter complicado o desagradable. Una cosa no quita a la otra.

### • Entrenamiento en emociones positivas: haciendo teatro

Este es uno de mis ejercicios preferidos, sin duda. Es muy potente, muy sencillo de aplicar y con una lógica demoledora. Se trata de un ejercicio para entrenar y tener emociones positivas, **para crear hábitos que te hagan sentir bien, pase lo que pase.**

Sí, has leído bien: **entrenar** emociones positivas. ¿Qué pensabas? ¿Que las emociones positivas aparecen en la vida de aquellos que son señalados por los dioses? ¿O solo las tienen los ricos y exitosos? Pues es un error. Y de los grandes, porque te convierte en una **víctima pasiva de la vida.** Es decir, saca de tu control algo tan importante como sentirte bien, tu felicidad. Y la pone en "el destino", la "suerte" o qué se yo. No sabes cuántas personas he conocido que se han amargado la vida ellos mismos por pensar así.

Veamos unas breves premisas sobre el asunto antes de ponernos manos a la obra con el entrenamiento.

Lo primero: ¿qué entendemos por emociones positivas? En general, son aquellas que nos producen bienestar, es decir, una experiencia emocional agradable, placentera y deseable. Veamos algunas según como las nombramos:

- Simpatía
- Alegría
- Amor
- Compasión
- Confianza
- Dignidad
- Diversión
- Entusiasmo
- Esperanza
- Gratitud

No vamos a profundizar en esto porque necesitaríamos un libro entero (los hay), pero te animo a que busques por internet cómo las emociones negativas influyen en nuestro cuerpo y mente, enfermándonos de múltiples maneras. Además, las emociones negativas producen un déficit de motivación a la acción o una motivación a la inacción, con lo cual nos meten en una espiral de malestar.

El asunto de las emociones positivas es muy importante, ya que es una cuestión de salud física y de felicidad.

Uno de los caminos, si no el camino más potente, para modificar las emociones positivamente no es tanto el pensamiento como **la acción**. El movimiento corporal remite **información** al cerebro y este modifica el estado emocional y motivacional en consecuencia. El cerebro monitoriza de manera continua multitud de movimientos y acciones corporales: desde el movimiento de brazos y piernas hasta las expresiones faciales, latido cardíaco, etc.

Siguiendo este razonamiento, si pudiéramos, de manera intencionada, realizar movimientos o acciones que provoquen la activación, por parte del cerebro, de sustancias que generen emociones positivas, podríamos provocárnoslas a nosotros mismos. ¿Te imaginas? Pues no imagines porque es increíblemente fácil hacerlo y, de hecho, lo hacemos muchas veces de manera inconsciente.

Lo que te propongo en este apartado es **adoptar las emociones positivas como un valor** en tu vida. Te explico: significa que **practiques** las emociones positivas, la felicidad, como un valor comprometido. La cuestión no es si tienes o no tienes ganas de **hacerlo, sino de hacerlo porque es un valor**. Tampoco hacerlo "para" sentirte bien, sino como una conducta reforzante en sí misma puesto que es un valor. El compromiso es realizar acciones, movimientos **COMO SI** te sintieras feliz. Luego, el cerebro, se sumará a la fiesta.

Para ilustrar esto, imagínate que eres una persona para la que llevar una vida sana es un valor con el que estás comprometido. Es posible que te levantes a las 6:00 am para ir al gimnasio porque es el único momento que tienes en el día para hacerlo. Obviamente, a esa hora lo que tiene uno es sueño y ganas de dormir, pero tú te levantas y te vas al gimnasio. ¿Por qué? ¿Qué es lo que te impulsa a vencer la pereza? Muy sencillo, si una vida sana es un valor en tu vida, ir al gimnasio es una conducta reforzante en ti misma, no lo haces porque te haga sentir bien en el corto plazo.

Igualmente, si tu bebé llora por la noche, por muy cansado o cansada que estés, te levantarás de la cama a ver qué le pasa, ya que estás comprometido con el valor de su cuidado.

Para convertirte en un experto en felicidad, como hemos dicho, debes imitar los movimientos de los expertos para crear un hábito. Pero ¿qué hacen los expertos en felicidad? Reflexionemos juntos: ¿Cuáles son los movimientos de las personas felices?

- Movimientos corporales, expresión del rostro…

- Pensamiento
- ¿Cómo hablan?
- ¿Qué cosas hacen?

¿Sabías que **el cerebro no distingue entre una sonrisa "auténtica" y una sonrisa "fingida"?** Compórtate como si fueras feliz y finalmente te sentirás feliz. Para estar en forma hay que realizar movimientos… Como ir al gimnasio o cuidar la alimentación. Pues, igualmente, para ser feliz hay que realizar movimientos.

---

### HAZLO ASÍ

Se trata de actuar durante todo el tiempo como si fueras un actor/actriz que debe interpretar un papel en una obra de teatro. Este papel es el de un personaje feliz.

➤ No importa si estás triste, enfadado o deprimido.

➤ Tu papel en la obra es de un personaje feliz, alegre.

➤ Y si no quieres perder tu trabajo, debes fingir e interpretar el papel y que sea creíble para el público.

➤ Independientemente de cómo te sientas "realmente".

➤ Sin el objetivo inmediato de sentirte bien, sino porque es "tu trabajo".

➤ Puedes marcarte un período determinado para practicar, por ejemplo, empezando el fin de semana y después un par de horas al día.

➤ Cada vez que vayas a hacer algo piensa cómo harías esto si fueras el tío/la tía más feliz del mundo.

---

Por último, recuerda:

Si te comportas durante mucho tiempo **COMO SI** fueras infeliz, finalmente te sentirás infeliz y deprimido. Es cuestión de entrenamiento.

Y si te comportas durante mucho tiempo **COMO SI** fueras feliz, finalmente te sentirás feliz y positivo. Es cuestión de entrenamiento.

## BONUS DE RESCATE PARA EMERGENCIAS EMOCIONALES

Si quieres salir de manera inmediata de un estado emocional negativo, debes llevar siempre un pequeño "kit de supervivencia emocional" en el que no deben faltar dos cosas:

> ➤ **Una nariz de payaso,** preferiblemente de goma espuma: llévala en la guantera del coche, métela en tu bolso o maletín de trabajo, en el cajón de tu despacho…, tenla siempre a mano. ¿Cómo usarla? Cada vez que te sientas en un estado emocional negativo, ve a un lugar privado, mejor si hay un espejo, colócate la nariz de payaso y haz un par de tonterías, gestos y muecas, habla como un payaso. Es una técnica de choque que saca a tu cerebro de inmediato del malestar, ya que genera un estado incompatible y con mucha fuerza neuronal por lo que lleva implícita la imagen del payaso en nuestra mente. Yo personalmente he usado y uso esta técnica.

> ➤ **Un lápiz:** esta técnica proviene de un experimento muy serio re alizado y replicado en varias universidades del mundo (por ejemplo, Fritz Strack y sus colaboradores en 1998). Se trata de sostener un lápiz, bolígrafo o similar entre los dientes, evitando tocarlo con los labios. Esto te obligará a componer una sonrisa. Pues, bien, este simple gesto no solo hace que te sientas mejor inmediatamente, sino que, si lo entrenas durante quince minutos diarios, mejorará tu estado de ánimo de manera objetiva.

Estas técnicas "corporales" son ideales para los que les cuesta un poco más el trabajo de ponerse con lápiz y papel, para períodos en los que no tenemos demasiado tiempo libre o para combinar con otras técnicas.

### • Desactivar creencias y pensamientos negativos

Este es uno de los trabajos y ejercicios más serios y efectivos que se pueden hacer. Se trata de desmontar, mediante el diálogo interno y la lógica, nuestros pensamientos y creencias distorsionados que forman parte de los HPC y que mantienen un montón de emociones desagradables, entre ellas las de ansiedad, rabia y depresión.

Para ello debemos convertirnos en dos cosas: en **cazadores** y **científicos**. Pero vayamos por partes:

**Cazadores.** ¿Qué significa esto? Pues que tenemos que tomarnos muy en serio nuestra misión de "cazar" los pensamientos y creencias distorsionados, por muy escurridizos que sean. Para ello tenemos que tener muy presente estar atentos y utilizar los registros cada vez que nos sorprendamos a nosotros mismos en una situación en la que nos sintamos emocionalmente perturbados. Recuerda el ejemplo del cuadro de autorregistro del apartado anterior, "La observación inteligente". Se trata de ir analizando las situaciones críticas en las que nos sentimos mal y desglosando pensamientos y emociones.

Si tienes dudas, recurre al listado de imágenes mentales del apartado del concepto "La mente y sus imágenes". Ahí encontrarás montones de pensamientos y creencias para que elijas los que crees que están activándose en esas situaciones en las que te sentiste mal.

Esto es algo que te recomiendo hacer día a día, al menos durante tres meses. Después, cuando ya vayas cogiendo el automatismo de pensar de manera racional y adecuada, puedes volver a esto de vez en cuando.

**Científicos.** Ante cada pensamiento o creencia distorsionado, debemos iniciar una investigación a modo de cómo hace un científico, es decir, generando hipótesis y tratando de comprobar que esas hipótesis son ciertas (pruebas objetivas a favor y en contra). ¿Qué elementos a favor hay de que eso que me estoy diciendo a mí mismo es cierto? ¿Sucedió en el pasado?

¿Cuántas veces? ¿Qué probabilidad real hay de que suceda? ¿Es tan grave como yo creo que es?

Se trata, como ves, de mantener una actitud escéptica pero neutra, desapasionada y tomando una cierta distancia. Desconfiar de entrada de lo que nos decimos a nosotros mismos, cuestionárnoslo y después llegar a una **conclusión alternativa** más ajustada y racional si es posible.

Yo le llamo **"el método de las 3 C"**. La secuencia sería:

1. Cazar
2. Cuestionar
3. Conclusión alternativa

## HAZLO ASÍ

Veamos un par de ejemplos con pensamientos y creencias sacados del apartado anterior, "La observación inteligente". ¿Recuerdas el cuadro de autorregistro que usamos de ejemplo? Se trata de una paciente real de mi consulta, como te dije, que se llama Claudia. Vamos a analizar algunas de las situaciones que relata:

**Ejemplo 1**

- **Situación:** no ponerme a estudiar las oposiciones ni ir a clase, porque no tengo ganas de ver ni hablar con nadie.
- **Pensamientos:** desprecio hacia mi persona. No paro de pensar que soy una vaga e ignorante.
- **Emociones:** tristeza, ansiedad, culpabilidad, falta de ánimo y autoestima.

Viendo lo que Claudia se dice a sí misma por el simple hecho de ese día no ponerse a estudiar las oposiciones que se estaba preparando no es en absoluto extraño que las emociones sean tan devastadoras e intensas. Es un ejemplo ideal de HPC; a ella le sale solo, de manera automática. Y lo peor, lo da por verdadero.

Ahora, al menos, que lo ha cazado, tiene una oportunidad de cuestionárselo y, si es persistente y lo hace durante un tiempo a diario, adquirirá el hábito de responder de otra manera más racional y madura a la realidad.

Cuestionamiento como científico: vamos a hacer la discusión racional de estos pensamientos. Recordemos que, para Claudia, no estudiar hoy las oposiciones implica 1) ser un ser despreciable, 2) ser vaga, 3) ser ignorante. Vayamos por partes, tratando de corroborar las afirmaciones como científicos. La mejor manera de rebatir los argumentos es hacernos preguntas para reflexionar:

1. Ser un ser despreciable. ¿Cómo definirías un ser despreciable? ¿Quizás un abusador de niños? ¿Un asesino en serie? ¿No estudiar una oposición implica ser un ser despreciable? ¿Incluso abandonar totalmente la oposición implicaría convertirse en un ser despreciable? ¿Cómo ha sido tu conducta en los últimos cinco años? ¿Podemos decir que, en general, eres un ser despreciable?

2. Ser vaga. ¿Cómo definirías a una persona vaga? ¿Tu conducta de los últimos diez años tomada en promedio te define como una persona vaga? ¿Se puede calificar a una persona como vaga por haber dejado de estudiar uno o varios días una oposición? ¿Es la oposición la única actividad a la que dedicas tu vida día a día o tienes otras obligaciones?

3. Ser ignorante. ¿Cómo definirías a una persona ignorante? ¿Dejar de estudiar un día o varios una oposición implica, automáticamente, que eres una persona ignorante?

Por último, elaborar una **conclusión alternativa** más realista según nuestro cuestionamiento: "seguramente no estudiar algunos días la oposición no es lo más deseable para poder tener la seguridad de aprobarla, pero tengo muchas cosas en el día que me impiden tener una continuidad. Voy a intentar organizarme de una mejor manera y hacerme un *planning* realista".

## Ejemplo 2

• **Situación:** cuando mi marido me corrige al hacer los deberes con la niña porque dice que él lo explica de otra manera.
• **Pensamientos:** ganas de darle una paliza y de separarme de él.
• **Emociones:** rabia, ansiedad y falta de autoestima.

Guau... Debemos agradecer a Claudia su aplicación a la hora de realizar las tareas en casa. Aquí tenemos otro buen ejemplo para poder trabajar sobre él. Te aseguro que esto es de lo más habitual, y todas las personas, en mayor o menor medida, tenemos estas autocharlas. El caso de Claudia no es ni raro ni especialmente grave.

Bien, vamos directamente al cuestionamiento de los pensamientos:

1. Tengo ganas de darle una paliza. ¿En qué casos considerarías legítimo usar la violencia? ¿Este sería uno de ellos? ¿Es una paliza la respuesta proporcionada al comentario que te hizo? ¿Cómo justificarías ante un juez si te acusaran de lesiones lo que hiciste? ¿Es grave desde el punto de vista de amenazar tu integridad física o moral lo que te ha dicho? Valora de 0 (nada) a 10 (máximo).

2. Debería separarme de él. ¿Es proporcionado divorciarse por esta situación? ¿Podrías indicar cinco motivos por los que te divorciarías de él? ¿Puede que haya otros motivos que hagan que el matrimonio te resulte insatisfactorio?

**Conclusión alternativa:** "Estoy cansada explicando matemáticas a la niña y me molesta que me venga a liar con otra manera de explicar la materia. Probablemente lo hace con la sana intención de no confundir a la niña y no de hacerme daño a mí. Ahora estoy cansada, terminaré a mi manera y en otro momento hablaré con él del asunto para llegar a un consenso".

## ALGUNAS ESTRATEGIAS MÁS PARA EL CUESTIONAMIENTO

> **Escala de gravedad.** Un aspecto muy importante de los pensamientos y creencias distorsionadas es que suelen expresarse en términos dramáticos y exagerados, como vimos en el apartado "El proceso de formación de los hábitos psicológicos condicionados (HPC): las gafas negras". Esa falsa ponderación de la gravedad de los hechos nuevamente nos conduce a emociones intensas y desagradables.

Por eso, es importante que, durante la valoración y discusión de los pensamientos y creencias distorsionados, los pasemos por la escala de gravedad. A saber:

Definir los más graves: muerte o enfermedad grave de dos o más seres queridos, muerte o enfermedad grave de un ser querido, en fermedad grave propia, divorcio, encarcelación, despido, lesiones, perder la vivienda…

A partir de aquí, situar, por ejemplo, el hecho de que mi marido me diga al hacer los deberes con mi hija que él lo explica de otra manera, en un lugar apropiado de la escala, con una respuesta por nuestra parte proporcionada a esa gravedad real… No, la paliza no es una opción aquí. Igualmente, entre quedarte tetrapléjico y que se te rompa el móvil tiene que haber una diferencia proporcional en tu reacción emocional y conductual.

> **Escala de probabilidades.** Debemos aprender a aceptar que el mundo no tiene demasiadas certezas absolutas; más bien nos tenemos que mover en una escala de probabilidades, donde hay su cesos muy probables y otros muy poco probables… entre medias, toda una gama de variabilidad. Si lo que yo temo es un hecho con muy pocas probabilidades de suceder, no debe gobernar mi día a día.

Sí, lo sé, lo improbable puede suceder, pero si es estadísticamente insignificante, no deberíamos prestarle atención ni esfuerzos.

> **Razonamiento emocional.** Mucho cuidado con esta tendencia que tenemos a confundir cómo nos sentimos con la realidad misma o su medida. Que te dé miedo algo no significa que sea peligroso (hay quien tiene pánico a las cucarachas y sabemos que son cero peligrosas). Que te sientas rechazado no significa que no te quieran. O que tú estés muy triste no significa necesariamente que la situación sea muy mala. Tus emociones son solo tus emociones, la realidad va por otro lado. La gente estresada tiende a creer que lo que tienen que hacer es muy urgente solo porque están agobiados, pero su agobio (estado interno) no necesariamente implica urgencia real.

> **Nadie puede definir lo que tú eres.** Que alguien te diga que eres un desastre no significa que seas un desastre. Que alguien muestre rechazo por ti no significa que no seas válida. Lo que somos nopuede ser definido por nadie desde el exterior.

## TERCERA TÉCNICA:
## ANÁLISIS CONCILIATORIO APLICADO

Bien, ya hemos visto los conceptos básicos de lo que es el análisis conciliatorio (concepto "los guardianes del pasado"), pero ¿cómo trabajar con esta información? En este apartado veremos algunas herramientas de uso común en la consulta para hacerlo. La clave de todo es aceptar que no podemos hacer desaparecer de nuestra mente la información referida al Padre o al Niño, sino **gestionarla,** manejarla de manera que deje de hacernos daño y tener influencia en nuestras transacciones presentes.

Así, más bien parece que nuestra mente es como una suerte de "ONU", en la que fuerzas nacionales intentan "independizarse" e imponerse.

Debemos siempre **situarnos en "el Adulto"** (Yo Observador), que "vigila" al Niño y al Padre con sus características apariciones. Debes aprender a discriminar y detectar cuándo se activa uno u otro.

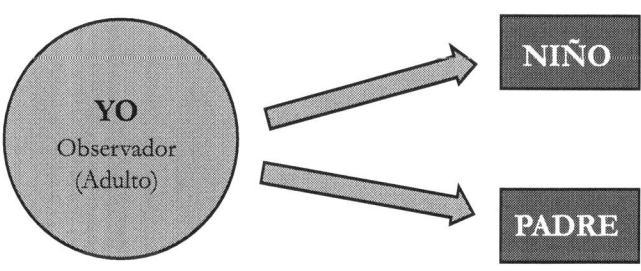

La información referida al Padre y al Niño tiene que ver con las relaciones de apego paternofiliales. Según cómo hayan sido estas, tendremos un niño y un padre equilibrados y tranquilos o agitados. El Padre, que contiene la información emitida por nuestras figuras parentales (o educadores o de autoridad), se comportará de una manera similar a nuestros cuidadores, y El Niño, que contiene la información referida a las reacciones del niño que fuimos a los estímulos parentales, se comportará emocionalmente como ese niño (seguro y confiado o miedoso y defensivo). Y todo eso está dentro de nosotros e interfiere en nuestra relación con el mundo, en particular en nuestras relaciones con los demás.

Todo lo que sucede en la mente referido a la información relacionada con el Padre y el Niño ocurre en el plano del Automatismo o Condicionamiento. Para ser libres y actuar desde la voluntad debemos situarnos en el Adulto. Así, nuestro "Yo" debe ser este. No somos nuestros procesos mentales. **No somos nuestras reacciones condicionadas.** No somos ni el Padre ni el Niño. Es necesario aprender a manejarlos para que no nos manejen a nosotros.

Así, cuando nos enfrentamos a cualquier transacción con la realidad debemos preguntarnos: **¿quién está respondiendo a la situación? ¿El Adulto, el Padre o el Niño?**

No debe darnos ningún pudor establecer un **diálogo interno** con estas partes de nuestro funcionamiento. Pero lo más importante es la **atención.** Atendiendo e identificando quién responde, habremos dado un paso importantísimo para el autocontrol, pues impediremos que el Padre o el Niño guíen nuestras acciones. Este funcionamiento de nuestra personalidad no actúa desde el presente, sino desde el pasado, con información grabada en la memoria y mediante circuitos condicionados y automatizados. Darse cuenta de esto nos permite no ser arrastrados por la corriente emocional, sino actuar desde la conciencia.

Lo primero que debemos hacer cuando detectemos que estamos funcionando en una situación desde el Niño o desde el Padre, es **echar el freno.** Primero debemos apaciguarlos. Luego ya decidiremos o actuaremos, pero, primero, paramos. Sabremos que están activos cuando nos encontremos en un estado emocional negativo e intenso... Este estado emocional es el que puede hacer que la discusión que mantenemos con nuestra pareja o el afrontamiento de un reto en nuestro trabajo acaben bien o mal, o nos supongan un sobreesfuerzo importante con importantes implicaciones para nuestra salud a la larga (generan estrés). Vale la pena frenar, ¿no? Se trata, en efecto, de usar la herramienta de los Dos Pasos. Primero me calmo, luego actúo o reflexiono.

Si el que está activo es el Niño, hay que dirigirse a él **con cariño, pero con firmeza.** No debemos "echarle la bronca" si está asustado, pero tampoco podemos permitirle que abandone su responsabilidad o que actúe en un momento de rabieta.

Se trata de relacionarnos con estos modos de funcionamiento de la personalidad **como si fueran personas distintas a nosotros.** Hablando con ellos y sobre todo no permitiendo que actúen, que guíen nuestra conducta.

En el caso de que lo que se active sea el modo Padre, igualmente estaremos al quite para decirle con firmeza "no, eso no es así", "no es horrible ni

catastrófico cometer un error en el trabajo" o "no eres un inútil por no lograr todos los objetivos que te propongas".

Recordemos que el modo Padre es exigente por naturaleza, funciona a través de "deberías" y "tengo que", tomados **de manera absoluta y sin filtros.**

En definitiva, **debemos situarnos permanentemente en nuestro modo Adulto** para observar y ser conscientes de cuándo se activan el modo Niño y el modo Padre, para poder modularlos desde la lógica y la racionalidad de los datos presentes.

El modo Adulto es el modo sano y maduro de funcionar en contraste con los modos automáticos del Niño y el Padre.

Pero vayamos un paso más allá para aprender a detectar cuándo se está activando el modo Niño o el modo Adulto. Podremos reconocerlos porque suelen venir acompañados de una serie de creencias irracionales o frases características que nos decimos a nosotros mismos, tal y como podemos apreciar en el siguiente cuadro.

| CREENCIAS DEL MODO "NIÑO" | CREENCIAS DEL MODO "PADRE" |
|---|---|
| - No soy suficientemente bueno | - Lo has hecho mal, eres un desastre |
| - Si fallo, será terrible | - No se puede confiar en ti |
| - Mejor me lo callo, no sea que dejen de apreciarme | - Las cosas se deberían hacer así |
| - Si pregunto, descubrirán que no sé | - Tienes que hacerlo de esta forma |
| - Soy un desastre | - Si no consigues todo lo que te propongas, eres un fracaso |
| - No puedo hacerlo | - Mira que te lo dije |

| CREENCIAS DEL MODO "NIÑO" | CREENCIAS DEL MODO "PADRE" |
|---|---|
| - No puedo con esto<br>- Nadie me quiere<br>- No me valoran<br>- No soy tan bueno como los demás<br>- No pienso hacerlo<br>- Los demás deben tratarme siempre con justicia<br>- Si me da miedo, es peligroso<br>- Si se enfada conmigo, es porque he hecho algo mal<br>- Si me quisiera…, haría…; no haría… | - Has fracasado porque lo has hecho mal<br>- Es culpa tuya<br>- Nunca aprenderás, siempre lo harás mal<br>- Debes ser fuerte siempre en todos los aspectos<br>- Si no te preocupas por las cosas, eres un pasota<br>- Es terrible que te hayas equivocado<br>- Es horrible cuando algo sale mal |

Un aspecto muy importante del análisis conciliatorio es que puede combinarse perfectamente con la técnica de "desactivar creencias y pensamientos negativos", es decir, que se pueden someter a análisis racional las creencias del Padre y del Niño.

Por ejemplo, la creencia del Niño de que "los demás deben tratarme siempre con justicia" es claramente un pensamiento irracional y distorsionado que podemos analizar tal y como hicimos en el apartado anterior. Fíjate que, cuando lleves un registro de pensamientos, empezarás a detectar no solo pensamientos distorsionados, sino que puedes atribuírselo al Padre o al Niño, lo cual te irá ayudando a gestionarlos y apaciguarlos.

Igualmente absurda es la creencia del Padre de que "es horrible cuando algo sale mal". Por supuesto que, por lo general, no es horrible cometer errores. Es más, el modo Padre suele ser catastrofista y extremo: los fallos no son malos; son terribles siempre, sea cual sea.

---

### HAZLO ASÍ

> ➤ Antes de empezar a entrenar la técnica de manera continuada haz una primera identificación de tu "Padre" y tu "Niño", haciendo un perfil de cada uno, describiendo cómo se formaron, en qué situaciones suelen activarse y sus creencias más habituales (ver cuadro anterior).
>
> ➤ Sitúate siempre en el **Adulto,** dispuesto a observar al Padre y al Niño, tomando conciencia de cuándo se activa uno u otro (guíate por el cuadro de creencias de arriba).
>
> ➤ Puedes hacer un registro en lápiz y papel o en cualquier dispositivo electrónico para ir tomando nota de las situaciones en las que se activa uno u otro.
>
> ➤ Cuando "ellos" se activen, recuerda entablar una discusión asertiva y serena con ellos mostrándoles evidencias objetivas y derivadas de la experiencia de que las cosas no son como ellos creen.
>
> ➤ Ojo, es posible que tengas un Niño muy activo y un Padre más silencioso, o viceversa. O que ambos estén activos, dependiendo de la situación.

---

### Consejos para tratar con un "Niño" muy dañado

No es infrecuente en las consultas de psicología encontrarnos con neurosis en las que hay una activación del lado infantil, del Niño, sujeto a fuertes emociones, muy intenso. Cuando esto sucede, yo recomiendo usar esta herramienta a la que llamo **autoacompañamiento y reeducación.** Se ejecuta mediante la narrativa de los cuidados a un niño o niña "con problemas".

La neurosis nos acerca frecuentemente a formas inmaduras e infantiles de interpretar la realidad, debido a la activación del modo Niño con todas sus memorias emocionales. Es característico de personas que han sufrido abusos o negligencia en sus cuidados infantiles. A veces maltrato psicológico. De ahí que necesite este acompañamiento seguro que no tuvo. También puede activarse de manera prominente en personas con educación sobreprotegida.

Se trata de **acompañar** al Niño de manera permanente, pero no intervenir todo el tiempo. Aceptar su naturaleza y necesidades e ir reaccionando ante ellas sin anticiparnos todo el rato. Si no lo controlamos, nos controlará a nosotros. Y, si esto sucede, tu personalidad, tu conducta y tu vida quedarán en manos de un niño o niña de siete u ocho años con problemas psicológicos. De ahí las reacciones inadecuadas que se acompañan y que te hacen sentir mal a ti y a tus allegados.

No se trata de tener poder y dominio sobre nuestro Niño, sino de tener **liderazgo.** La idea central es que para cumplir el oficio de padre o madre debemos ser líderes para nuestros hijos. Y ser líder implica sobre todo **gestionar emociones y acompañar** a nuestros hijos en el difícil pero apasionante camino de convertirse en personas.

Expondré en los siguientes párrafos algunos conceptos y pondré algunos ejemplos prácticos con explicaciones sobre cómo debemos actuar ante cada situación con nuestro Niño dañado.

Lo primero, no esperemos que nuestro Niño dañado actúe de forma consecuente y madura, que sepa demorar la frustración, que no se altere, etc. Eso está, sencillamente, fuera de su alcance. Debemos, para conseguir que se aproxime a ello, educarlo y acompañarlo, sobre todo debemos tener muy en cuenta su **educación emocional.** No basta con reprimir o decir "no" al Niño si eso no se acompaña de una gestión de sus emociones adecuadas, ya que la hostilidad y el resentimiento crecerán en él.

Recordemos que, **si funcionamos desde el Niño, somos seres más impulsivos y emocionales que racionales.** Ello es así debido a que funcionamos bajo una programación. Y si está dañado, más problemática se torna **la si**tuación.

Es importante, pues, saber qué esperar de nuestro Niño, qué es normal y qué no lo es. Así, lo normal y esperable es que quiera las cosas "ya". No es por inmadurez ni porque seamos irresponsables: es como tener un niño dentro de nosotros. Y si no atendemos a su educación, malo. Su nivel de conciencia es todavía muy bajo como para poder reprimir sus impulsos y conductas. Por eso la conciencia la pondremos nosotros "desde fuera".

También es esperable que cuando le decimos que no a algo que desea de forma inmediata (comer, sexo, descanso…), se ponga en "modo rabieta", que la monte, vamos. Y eso se puede ver reflejado en nuestro estado de ánimo externo y en nuestra conducta.

Veamos un ejemplo. Imaginemos que hemos quedado con alguien para ir al cine y que nos anula la cita diez minutos antes de salir de nuestra casa. La tendencia de nuestro Niño ante esta frustración puede ser "montar el pollo": recriminar, culpabilizar, gritar, llorar, amenazar… En este caso, la frustración de nuestro Niño nos maneja a nosotros.

Lo primero para que nuestro Niño aprenda a manejar estas situaciones debe ser **no asustarse ni rechazar la explosión emocional.** No es ni buena ni mala. Es lo que hay y es lo normal. Y yo, que soy el líder (El Yo Observador, el Adulto), lo sé y mantengo la calma. Las emociones fluyen por el Niño como un torrente. No puede evitarlo ni sabe cómo reprimirlas. Por supuesto, tampoco entiende de retrasar el placer.

El paso número uno sería **validar la emoción,** permitir que la exprese sin dañar a nadie. El mensaje debe ser algo así como "entiendo que te sientes mal porque estás frustrado, pero esto es lo que hay, no tiene solución. Verás que en un rato se te pasa". Es decir, la emoción es válida, es inevitable, pero, aun así, no hay nada que hacer. Lo que no puede ser no puede ser. No somos inmaduros ni débiles ni estúpidos por sentir frustración, enfado o tristeza. Tampoco nos va a durar para siempre la emoción.

Las conductas y reacciones emocionales del Niño se van condicionando **según la reacción interior hacia ellas que las acompaña.** Si lo que hacemos es enseñar al Niño que su reacción es inapropiada, pues simplemente llegará a reprimir las expresiones emocionales porque son algo malo. E insisto, no son ni buenas ni malas, son lo que hay. Y la cuestión, más que negarlas, es gestionarlas.

Así, se trata de acompañar a nuestro Niño durante la presencia de sus emociones para que éstas no nos manejen. Si estamos tristes porque hemos suspendido un examen de oposición, a veces nuestra tendencia es a centrarnos en primer lugar en el problema: "no he estudiado suficiente", "pero ¿qué me ha pasado?"… Y ahí está el error. Para **ayudar a nuestro Niño a gestionar sus estados emocionales** nuestra conducta debe seguir este orden:

1. **Atendemos a la emoción.** No lo olvidemos, el Niño (lo que hasta ahora hemos identificado como "Yo") se siente mal. Lo atendemos, lo consolamos, le damos tiempo para calmarse. En definitiva, le acompañamos.
2. **Atendemos a las soluciones.** Solamente cuando el primer paso esté completado, entonces podemos pasar a estudiar las causas y las consecuencias de la situación.

En resumen, **debemos ser líderes para nuestro Niño especialmente dañado,** y el líder reacciona en primer lugar ante las emociones del otro y le ayuda a gestionarlas. Es decir, a **permitir su reducción para luego poder pensar.** Si tienes miedo, primero te abrazo fuerte y luego, ya calmado, te digo que los monstruos no existen y te doy todo tipo de explicaciones racionales de por qué esto es así. Si estás triste, primero te consuelo y después te explico que para aprobar matemáticas hay que entrenar haciendo muchos ejercicios.

Pero **primero, la emoción…**, y además desde la calma. Si no puedo estar calmado por las causas que sea, debo buscar solución. Los líderes nerviosos no son recomendables.

Otro ejemplo, **la gestión de emociones.** Imaginemos que nos levantamos

un día nerviosos o deprimidos. A muchos de nosotros esto nos causa una gran inquietud. **El Niño muchas veces tiene miedo de sus propias emociones, ya que teme el dolor.** Además, se le ha informado de que estas emociones no son adecuadas, sino "malas", y, claro, el Niño funciona como un niño o niña real y piensa que si son malas, deben ser evitadas a toda costa. Entonces a veces nos desesperamos ("quiero que se me quite ya") y, con esa desesperación, prolongamos la presencia de la emoción negativa. Si tengo ansiedad y encima pienso que es horrible y que no se me quitará nunca o que me va a pasar algo malo, el miedo aumentará.

Si fuéramos niños o niñas reales en ese momento llamaríamos a nuestra mamá y su sola presencia sería suficiente para calmarnos. Pero… ahí fuera no hay nadie. Bueno, puede que esté mi pareja o mi amiga, pero esa es una solución puntual, ya que no es recomendable estar permanentemente dependiendo de alguien externo para calmarnos. Debemos aprender a **autotranquilizarnos.** Y la mejor manera para ello es situarnos fuera de la corriente emocional, observar al Niño como a "otro". En efecto, nuestro YOb es esa "mamá" o "papá" interno, esa **base segura** que necesitamos y que probablemente no estuvo ahí cuando tuvo que estar o estuvo de manera inadecuada.

**Nos dirigimos al Niño en segunda persona.** "Tranquilo/a, no va a pasar nada, solo son emociones, y las emociones terminan pasando. Todo lo que piensas es porque estás asustado, y cuando uno está asustado piensa cosas muy malas que van a suceder. Así que vamos a esperar a que se pase antes de pensar en ninguna situación o solución".

Es importante dirigirse al Niño como si fuera "otro". Esto debe ser así porque, literalmente, **nosotros no somos nuestro Niño.** No somos nuestros problemas. Somos otra cosa y podemos "mirar" y "hablarle" a esa otra parte de nosotros.

Así, se trata de estar en **permanente observación del Niño (acompañamiento), monitorizando sus estados emocionales.** ¿Cómo se siente ahora? Debe ser nuestra pregunta en cada momento. Si la respuesta es

nervioso o asustado, entonces… ya sabemos, debemos atender a la emoción y acompañar, estar presentes. No ignorarla, ya que, si lo hacemos así,
probablemente las decisiones que tomemos estarán influidas por la emoción y nos puede conducir al error (razonamiento emocional).

**El caso es no dejar solo al Niño con sus sacudidas emocionales, pues
se comportará como un pollo sin cabeza.** Como un niño o niña asustada que no tiene ningún adulto cerca que le acompañe en su miedo. El
Niño y sus emociones descontroladas son los responsables de nuestras reacciones violentas, desproporcionadas o eufóricas que, a veces, nos com-
plican la vida (pueden hacer, por ejemplo, que nuestra pareja se canse de
nuestras reacciones y nos deje, aunque nos quiera).

Un punto importante es la **actitud.** ¿Cuál es la actitud del líder? Lo más
adecuado es tener unos límites claros (y, por supuesto, flexibles y no exce-
sivamente restringidos, sino siendo realista con lo que se puede esperar de
nuestro Niño) y no estar todo el rato corrigiéndolo y recriminándole, sino
ir gestionando las situaciones según se produzcan. Ah, y, sobre todo, **ser
prácticos más que justos.** Quiero decir que será necesario hacer conce-
siones de vez en cuando, aceptar algunas desviaciones de "lo correcto" o
alguna rabieta emocional. **El Niño necesita saberse acompañado de
una base segura serena y tranquila.** Si no, ya sabemos, se desboca.

Para completar la ilustración de todo esto, podemos acudir a la metáfora
de la madre que acude al hijo enfermo. ¿Te has fijado? Cuando un niño
llama a su madre porque tiene fiebre y le duele la garganta, la sola presencia
de ella hace que el niño se calme. Ella no hace nada, **no realiza ninguna
técnica para bajar la fiebre ni puede intervenir directamente sobre
el dolor.** No obstante, el niño se calma, se tranquiliza y se duerme. Y ello
es por el sentimiento de seguridad que provoca la presencia de la madre.
Sólo acompaña, sólo está ahí. Pero ahora que somos grandes no hay mamá
que acuda a nuestra cama… Una buena solución sería poder llevar dentro de nosotros una "mamá" incorporada que nos acompañase
cuando hiciera falta. Sin hablar, sin hacer nada especial, solamente
acompañándonos.

El principal enemigo del Niño dañado, por tanto, es el miedo. Este le paraliza y nos impide realizar un montón de actividades que supondrían un avance en nuestras vidas o simplemente nos permitiría disfrutar de la vida. Es como si cada vez que quisiéramos avanzar hacia la consecución de nuevas metas, el Niño apareciera para decir "no, por favor, no…; tengo miedo"… y frenarnos. Pero ¿debemos dejar de llevar a nuestro hijo o hija al colegio porque llora? ¿O dejar de ponerle sus vacunas? ¿Debemos abandonar la idea de que aprenda a nadar porque dice tener miedo al agua? Obviamente, no. La respuesta es que debemos ofrecerle nuestro acompañamiento, pero debe enfrentarse a la situación.

Otras veces nuestro Niño, simplemente, es un niño irresponsable que cuando tenemos que cumplir con una tarea aparece para decir "no, no, ahora no…", o cuando queremos realizar alguna actividad placentera como ir a la playa: "no me apetece…", y como buen niño o niña irresponsable, siempre encontrará una excusa: "no me apetece ahora", "estoy cansado", "no tengo tiempo", "esa persona me cae mal", "ya lo haré cuando me sienta bien"… ¿Cuál debe ser aquí la estrategia? Pues la misma que con un niño o niña real: ser firmes, empujar. Debes hacerlo, aunque no tengas ganas de hacerlo si es coherente con tu proyecto vital y tus valores.

**Educar a nuestro Niño en este caso para poder tener una forma más madura de enfrentar la vida**

¿Y cómo haremos todo esto? Pues mediante el **diálogo interior figurado** entre nuestras dos partes: el Niño (en el sentido del análisis conciliatorio) y el Adulto (padre/madre). En el cuadro que encontrarás debajo, verás algún truco o atajo para usar mejor esta herramienta.

## HAZLO ASÍ

- ➤ Esta técnica consiste en considerar "tu parte neurótica" (el Niño del análisis conciliatorio) como si fuera un niño/a, tu hijo o hija.
- ➤ En este sentido, no se trata de hacerle callar o desaparecer, sino educarle y acompañarle como haríamos con un niño o niña real.
- ➤ Cuando vayas a empezar a entrenar la técnica, recuerda hacer una primera identificación de tu Niño/a, haciendo un breve perfil de él/ella describiendo cómo se desarrolló y en qué situaciones suele activarse.
- ➤ Cuando tenga miedo, debes estar atento/a y **"permitir" (validar)** la expresión de las emociones, pero **"conteniendo"**, es decir, acompañando sin juzgar. Por ejemplo: "acepto tus emociones", "estoy aquí", "estoy contigo", "te abrazo" "ahora estás asustada y por eso piensas que es horrible; cuando te calmes lo verás de otra manera".
- ➤ Cada vez que te sientas alterado/a, pregúntate quién es: ¿el Niño o el Adulto? Si es el Niño, ponte en "modo Adulto".

Visto en cierto modo, es como tener "doble personalidad", pero sabiendo que "tú" eres la "personalidad" padre/madre.

## TRUCO-ATAJO

Busca una foto tuya con siete u ocho años y ponla en un lugar visible al que tengas acceso varias veces durante el día: en tu escritorio, dentro de la cartera, etc. Así puedes "poner cara" a tu Niño dañado y tomar distancia. Es como si tu Niño "fuera otro/a". Puedes incluso ponerle un apelativo cariñoso o diminutivo: Luisito si te llamas Luis, Chiqui si te llamaban así de niña…, y tenerlo siempre presente, como si fuera un hijo/a que tienes que cuidar.

## CUARTA TÉCNICA: LOS DOS PASOS ("ON-OFF")

Es otra potente técnica de descondicionamiento. Consiste en, ante las demandas de la situación, **atender primero siempre a las emociones antes que a las soluciones.** Así, si nuestro hijo viene afectado del colegio porque ha suspendido un examen, antes de realizar cualquier acción o valoración, debemos preguntarnos cómo se siente, cómo me siento. Y en primer lugar gestionar esas emociones, tanto las del niño como las mías: primero nos calmamos, nos consolamos, apoyamos al niño… Una vez calmados, entonces buscamos soluciones y aplicamos consecuencias si es menester.

Los dos pasos son:

**1. PASO 1: ATENDER A LA EMOCIÓN APARECIDA.** Acciones dirigidas a gestionarla: reducir, acompañar, calmarse, consolar… Reconocemos y validamos las emociones aparecidas en primer lugar. Acompañamos y esperamos que pase la tormenta.

**2. PASO 2: ATENDER A LA SOLUCIÓN.** Alternativas, posibles respuestas, consecuencias…, estudio de las causas.

En toda situación que nos demanda algo en la vida, la que sea (un conflicto de pareja, un cambio de trabajo…), debemos tener claro que existen dos tipos de conflictos o demandas:

1. El conflicto interior: el estado emocional interno. Éste es de res ponsabilidad exclusiva del sujeto.
2. El conflicto exterior: lo que la situación externa nos demanda hacer

Obviamente, para actuar con cierta garantía de éxito sobre la situación externa, en primer lugar, debemos gestionar la situación interna. La primera pregunta que nos debemos hacer no es ¿qué debo hacer? o ¿por qué sucede esto?, o ¿cómo lo resuelvo?, sino **¿cómo me estoy sintiendo en este momento?** Si la respuesta es que estoy emocionado negativamente, ya sé cuál es entonces el primer paso.

Pero… ¿y cómo me calmo? Pues ahí entran en juego varias posibilidades y estrategias para lograrlo. Realmente da un poco igual cuál sea el método que usemos para calmarnos; el caso es calmarnos. Podemos usar cualquiera de las sugerencias del apartado siguiente u otras de las que hemos visto de aquí para atrás.

Este punto, aparentemente sencillo y banal, es de capital importancia y supone un verdadero desafío a nuestro modo habitual de responder ante las cosas. En efecto, solemos sobrevalorar lo sucedido en el entorno y ser "reactivos". Esta herramienta supone coger el control y ponerse al mando, nada menos. Es uno de los grandes secretos del autocontrol emocional y conductual.

Con esta simple y fácil herramienta, **desactivamos el piloto automático,** responsable de los HPC.

Para poder practicar la técnica fácilmente, vamos a utilizar lo que yo llamo la **"técnica on-off"**. Con estas simples dos palabras, que en inglés vienen a significar "encendido" o "apagado", podemos conseguir un autocontrol emocional extraordinario.

Según esta técnica, lo único que debemos aprender a detectar es **cuándo se produce una activación emocional negativa.** A esto lo llamaremos, en nuestro lenguaje interno o autocharla, "estar on" (es decir, encendidos o activados). Entonces, "on" y "off" vendrían a significar lo siguiente:

• **ACTIVADO/ON/ENCENDIDO** = Emoción Negativa.
• **DESACTIVADO/OFF/APAGADO** = Emoción Positiva o Neutra.

Con esto es suficiente… No es necesario nombrar o comprender (y mucho menos analizar) la emoción negativa que hemos detectado… Esto activará la corriente de HPC y nos arrastrará a un bucle de emociones y pensamientos negativos.

Basta con detectar que estamos "on", "activados". La activación seguramente vendrá con sus correspondientes pensamientos distorsionados.

¿Qué hacemos? Pues ahí los dejaremos… como ruido de fondo. Ni más ni menos. Sin hacerles caso.

Debemos responder **solamente** "hacia dentro. Como vimos en el apartado de lo interior y lo exterior, debemos dar una respuesta primera siempre hacia nosotros mismos, hacia nuestro estado emocional negativo antes de responder "hacia fuera". Te lo resumo en el esquema abajo:

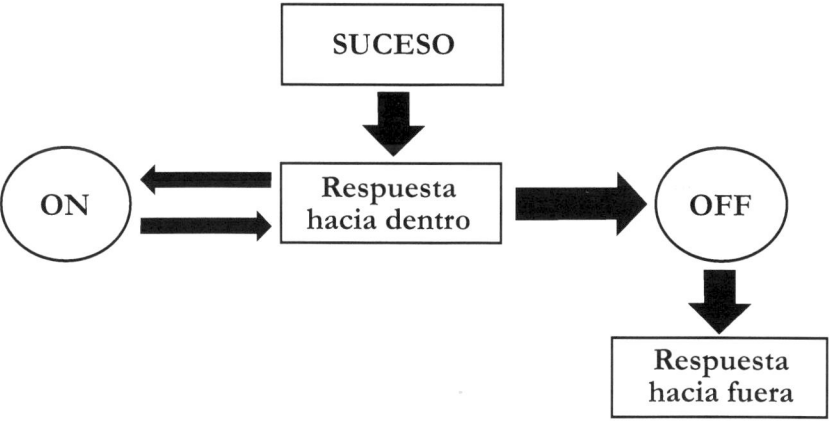

¿Cómo podemos hacer eso de "responder hacia dentro"? Mira el siguiente apartado, hay muchas formas de hacer esto. Pero antes, el cuadro.

| HAZLO ASÍ |
|---|
| ➤ Se trata de, ante cualquier situación que nos perturbe emocionalmente, preguntarnos en primer lugar (paso 1): ¿cómo me estoy sintiendo en este momento? ¿Estoy on? ¿O estoy off? Esto **siempre.**<br>➤ Si la respuesta a la pregunta anterior es que estoy "on", entonces se que **no debo dar una respuesta** hacia el exterior de manera inmediata.<br>➤ La respuesta primera debe ser siempre hacia el interior, a gestionar tu estado emocional negativo. Puedes utilizar alguna técnica del apartado siguiente como la respiración 4-7-8.<br>➤ En resumen, "primero me calmo (paso 1), después respondo (paso 2)". |

La mayoría de las personas y pacientes a los que explico esta técnica me dicen: "Pero, Alejandro, ¿cómo voy a parar para gestionar mi estado interno en medio de una reunión de trabajo o en una cena familiar? Evidentemente, como toda nueva habilidad que estamos aprendiendo, al principio seremos torpes, necesitaremos tiempo, retirarnos de la situación, no nos saldrá o nos saldrá a medias... Pero al cabo del tiempo, si somos persistentes, será cuestión de segundos, dos o tres. Solo con decirme "estoy *on*" casi será suficiente. Este es el poder de mirar hacia dentro y no hacia fuera, porque, como dijo el filósofo Sócrates, "las verdaderas batallas se libran en el interior".

Lo que estamos haciendo es aprender a inhibir la tendencia a dar una respuesta a la situación de manera automática. Estamos extinguiendo una manera de responder según las leyes del condicionamiento descubiertas por Skinner.

## QUINTA TÉCNICA: CAPEANDO EL TEMPORAL EMOCIONAL

La idea es poder gestionar o reducir el impacto de las emociones negativas antes de responder ante una situación. El miedo, la rabia y la depresión son emociones que movilizan respuestas automáticas ante las situaciones de manera compulsiva, sin razón de por medio. Ser capaces de responder habiendo calmado o subsanado estas emociones es muy importante para actuar de forma más realista y ajustada ante las demandas de la situación. En este caso, **la mecánica es muy sencilla:** se trata de sacar **al cerebro** del automatismo, del estado en el que se encuentra. Y la mejor manera es **provocar un estado incompatible.**

En definitiva, si estamos en un estado emocional negativo, nuestro único objetivo debe ser calmarnos, capear la tormenta. Para ello te voy a ofrecer un conjunto de técnicas para que elijas las que prefieras. Recuerda: deben ayudarte a recuperar la calma interior si la has perdido (o sea, si estás "on").

## HAZLO ASÍ

➢ Respiración de rescate. Utiliza esta técnica cuando quieras, puedes hacerlo en cualquier momento, de manera encubierta. Toma aire profundamente contando hasta 4 segundos, mantén el aire dentro de tus pulmones hasta contar 7 segundos y suéltalo contando 8 segundos. Esta técnica se conoce como 4-7-8 y es muy efectiva para lograr calma en segundos.

➢ Distracción
  ✓ Cambio de actividad.
  ✓ Salir del espacio físico.
  ✓ Actividades absorbentes incompatibles con las emociones negativas.
  ✓ Conversar con amigos.
  ✓ Ver vídeos de humor.
  ✓ Salir a dar un paseo.
  ✓ Ir de compras.
  ✓ Darse una ducha.

➢ Hablarse en segunda persona, autotranquilizarse. Puede ser en voz alta o en un susurro; ayuda.

➢ Demorar la respuesta... Tal vez..., veremos... Responder al día siguiente o, si es posible, a las 48 horas. En frío se suelen ver las cosas de otra manera mucho más desapasionada.

➢ Escribir cómo me siento en una hoja de papel. Está bastante contrastado que el mero hecho de escribir lo que uno siente y piensa en una hoja de papel, sin demasiada reflexividad, centra la atención y activa las zonas más "racionales" de nuestro cerebro, que tienen que ver con la escritura. Para expresar algo debemos hacer un esfuerzo consciente para ordenar nuestros pensamientos y sensaciones y poder darles una salida coherente sobre el papel.

## HAZLO ASÍ

➤ Reflexionar sobre los beneficios de la experiencia negativa que nos haya sucedido y los aspectos en los que ha mejorado nuestra vida como resultado de lo sucedido. Pasa unos minutos pensando en los aspectos positivos del suceso que te haya hecho daño. Por ejemplo, ¿me ayudó este suceso a...?

✓ ¿Ser más fuerte o a descubrir una fortaleza que desconocía tener?

✓ ¿Apreciar algunos aspectos de la vida más que antes?

✓ ¿Convertirme en una persona más sabia o fortalecer relaciones importantes?

✓ ¿Mejorar la habilidad para comunicar mis sentimientos, sentirme más seguro de mí mismo o animarme a acabar con una mala relación?

✓ ¿Convertirme en una persona más compasiva o comprensiva?

✓ ¿Fortalecer mi relación con una persona que me había hecho daño?

➤ Reza o envía sentimientos positivos por los demás, si quieres. Funciona, está científicamente demostrado.

➤ La música. Escuchar música activa rutas cerebrales incompatibles con las rutas de la ansiedad y la preocupación.

➤ Toma el sol. Sorprendente, pero cierto.

➤ El humor. Dicen numerosos estudios que las personas que utilizan el humor espontáneamente para superar el estrés tienen una probabilidad menor, hasta de un 40%, de sufrir infartos, experimentan menos dolor durante la cirugía dental y viven 4,5 años más que la media.

# PROPUESTAS Y CONSEJOS DE ENTRENAMIENTO

Por mi experiencia en psicoterapia, sé de primera mano que a muchas personas se les hace cuesta arriba eso de "los deberes" o entrenar las técnicas que se aprenden en una terapia psicológica. Y es que, si nunca has ido a una, debo decirte que no es un lugar para solamente desahogarse y hablar con alguien. Eso, en efecto, puede provocar un alivio pasajero, pero no a largo plazo.

La terapia psicológica es un encuentro con un técnico especializado en comportamiento humano que, una vez valorado tu caso, debe guiarte para que aprendas nuevas maneras de sentir, pensar y comportarte. Esa guía, al menos en las terapias de corte cognitivo y conductual, implica dar pautas e instrucciones al paciente para que haga un trabajo entre sesiones. Este trabajo es imprescindible para que se produzcan los cambios.

Pues bien, como te decía, hay muchas personas que tienen problemas para hacer un trabajo diario en casa y entrenar las técnicas que les propone su terapeuta. Esto puede ser, en parte, por el loco ritmo de vida que llevamos hoy en día, donde disponer no ya de una hora, sino de media hora solo para nosotros a veces es complicado (o nos parece a priori imposible). Además, no olvidemos que muchas personas que acuden a terapia lo hacen en un estado emocionalmente maltrecho y su motivación y energía no es precisamente elevada.

Es por esto que, a lo largo de los años de experiencia profesional, he intentado, sin perder rigor, adaptar las tareas de entrenamiento para casa de manera que a los pacientes se les hiciera lo menos cuesta arriba posible. A menudo, decirle a alguien que necesitamos que esté un mínimo de hora u hora y media diaria de lunes a domingo haciendo esto le genera inquietud. Por eso, he ido buscando estrategias para reducir el tiempo de entrenamiento a la mínima expresión, o dividirlo en varios momentos diarios, generalmente no más de cinco. Menos de 30 minutos diarios, en cualquier caso, no producirá cambios importantes.

No obstante, aunque el primero de los programas de entrenamiento es de 45 minutos y el segundo de 30, animo al lector a que, si está en sus posibilidades, aumente ese tiempo de entrenamiento añadiendo más técnicas o más tiempo.

Por otra parte, como has visto a lo largo del libro, algunas técnicas implican pararse a reflexionar y tomar notas, pero otras puedes usarlas **de manera transversal** en cualquier momento del día y mientras realizas otras actividades cotidianas como trabajar, comer, llevar a tu hijo a actividades extraescolares o viajar en coche. En este sentido, no te llevarán ningún tiempo de dedicación exclusiva.

En cualquier caso, animo a cada lector a que maximice en lo posible el tiempo de dedicación a las tareas diarias, según sus posibilidades. Las dos propuestas que les hago son solo propuestas "de mínimos", que pueden servir para saber cómo arrancar y no agobiarse.

Por último, te recomiendo una libreta exclusiva para tu entrenamiento o un archivo de tu ordenador o dispositivo electrónico que puedes llamar "mejora personal" o como te plazca.

Ya sabes, cualquier cosa vale…, menos que este libro ocupe un lugar permanente en tu estantería.

## PLAN DE ENTRENAMIENTO VARIADO DE 45 MINUTOS DIARIOS

Este plan de trabajo que te voy a proponer es muy sencillo y lo puedes dividir en tramos más cortos, de 10 o 15 minutos, varias veces al día, hasta completar los 45 minutos diarios de entrenamiento. Esto hace que sea muy fácil dejar lo que estés haciendo y ponerte manos a la obra.

Utiliza los intervalos de la manera que te venga mejor: dos de 20 minutos y uno de 5, tres de 15 minutos cada uno o un solo intervalo de 45 minutos. A tu gusto y posibilidades personales o laborales.

Te haré dos tipos de propuestas: las que implican parar y trabajar y las transversales, que puedes tener en cuenta de manera permanente.

| TAREAS DE "SENTARSE" A TRABAJAR |
|---|

> **Primer ejercicio:** ejercicio de agradecimiento. 5 minutos.

> **Segundo ejercicio:** ejercicio de desactivar creencias y pensamientos negativos revisando los autorregistros de "la observación inteligente", o recordando situaciones del día como vimos en el apartado correspondiente. 15 minutos.

> **Tercer ejercicio:** aplicar el análisis conciliatorio revisando los autorregistros de "la observación inteligente", o recordando situaciones del día en las que se ha activado el Padre y/o el Niño y racionalizando sus actuaciones como vimos en el apartado correspondiente. 15 minutos.

**Alternativa:** habla con tu Ego-niño, valora como está, préstale atención… según la técnica del acompañamiento y la reeducación, con tu foto de niño/a delante. Una vez que pasen los 15 minutos de reflexión, debes estar atento y aplicar el análisis conciliatorio durante al menos la siguiente hora integrándolo en tus quehaceres cotidianos, a "tiempo real", situándote en el "Adulto".

> **Cuarto ejercicio:** ejercicio de agradecimiento y de experiencias positivas. 10 minutos.

| TAREAS TRANSVERSALES |
|---|

> Llevar un autorregistro de "la observación inteligente" a mano o digital del pensamientos y sentimientos al estilo del apartado de la técnica de la observación inteligente. Diario.

> Diariamente, justo en el momento de salir de tu casa, utiliza las autoinstrucciones para el intervalo hasta que subes al coche o al transporte público.

> Al menos tres veces por semana, añadir durante un mínimo de 15 minutos el ejercicio de "haciendo teatro" mientras continúas con tus tareas cotidianas.

> Cada vez que te sientas nervioso en una situación, incorpora la técnica "on-off" con la respiración 4-7-8 de manera encubierta.

Esto no es más que un ejemplo que debes ir adaptando a tus necesidades, hacerlo en dos o tres tandas o todo de golpe. Insistiendo en las técnicas y herramientas que te vengan mejor a ti.

## TRUCOS-CONSEJOS

➢ Para no pasar por alto los entrenamientos y aplicación de las técnicas, te recomiendo que te pongas alarmas en tu móvil con mensajes que te recuerden sentarte a trabajar o a aplicar, de manera continuada, una técnica transversal concreta.

➢ Cuando vayas a empezar a entrenar la técnica del análisis conciliatorio, recuerda hacer una primera identificación de tu "Padre" y tu "Niño", haciendo un perfil de cada uno, describiendo cómo se formaron y en qué situaciones suelen activarse. Igualmente, debes hacer un perfil inicial de tu "niño/a" si utilizas la técnica del "acompañamiento y la reeducación".

## PLAN DE ENTRENAMIENTO "UNA CADA VEZ" DE 30 MINUTOS DIARIOS

Esta modalidad de entrenamiento implica entrenar una de las técnicas principales de cada vez y después otra, de manera alternativa. Nos permite desarrollar y aprender mejor cada una.

Lo haremos por quincenas, es decir, cada técnica será entrenada de manera central durante quince días y por un tiempo de 30 minutos. A esto le añadiremos, igual que en apartado anterior, otras técnicas de manera transversal.

Veamos la propuesta:

## TAREAS DE "SENTARSE" A TRABAJAR

➤ **Primera quincena:** ejercicios de desactivar creencias y pensamientos negativos. Llevar el autorregistro de "la observación inteligente" de manera exhaustiva y revisarlo al menos una vez al día o recordando situaciones del día como vimos en el apartado correspondiente. Mantener la atención continuada para ir registrando experiencias.

➤ **Segunda quincena:** aplicar el análisis conciliatorio en el día a día revisando los autorregistros o recordando situaciones del día en las que se ha activado el Padre y/o el Niño, y racionalizando sus actuaciones como vimos en el apartado correspondiente. Alternativa: habla con tu Ego-niño, valora como está, préstale atención… según la técnica del acompañamiento y la reeducación, con tu foto de niño/a delante. 15 minutos.

➤ **Tercera quincena:** practicar diariamente el ejercicio de "haciendo teatro" incorporándolo a tu vida cotidiana.

➤ **Cuarta quincena:** empezamos de nuevo en la primera quincena. Debemos hacer un mínimo de tres rondas de tres quincenas cada una.

## TAREAS TRANSVERSALES

➤ Ejercicio de agradecimiento por las mañanas y por la noche antes de acostarte.

➤ Ejercicio de experiencias positivas por la noche antes de acostarte.

➤ Diariamente, justo en el momento de salir de tu casa, utiliza las autoinstrucciones para el intervalo hasta que subes al coche o al transporte público.

➤ Cada vez que te sientas nervioso en una situación, incorpora la técnica "on-off" con la respiración 4-7-8 de manera encubierta.

Para esta modalidad, te recomiendo los mismos trucos y consejos que en el apartado anterior (ver cuadro de "Trucos-consejos").

Y recuerda tener siempre a mano tu **"kit de supervivencia emocional"** con tu nariz de payaso y el lápiz.

# APLICACIÓN A DESÓRDENES EMOCIONALES FRECUENTES

Llegados a este punto, ya hemos visto cómo es el funcionamiento psicológico humano y hemos aprendido también unos conceptos y unas técnicas que nos permitirán estar mejor en el mundo y más libres de neurosis, que es desorden emocional en general, lo que llamamos ansiedad, depresión, irritabilidad, vacío, etc.

Pero soy consciente de que muchos se habrán comprado este libro porque están padeciendo algún problema concreto de los que habitualmente se consultan en los despachos de psicología. Sin negar la necesidad y la importancia de consultar con un profesional, me gustaría dar unas pinceladas a dos de los temas que más frecuentemente provocan visitas al psicólogo: la ansiedad y las rupturas.

Lo que pretendo es explicarte concretamente qué sucede en estas dos situaciones y cómo puedes aplicar las técnicas que hemos visto en el libro para mejorar, si estás atravesando por alguna de ellas.

## LA ANSIEDAD Y SUS VARIANTES

La ansiedad es, probablemente, el trastorno más consultado en los despachos de psicología por la población general. Se trata de un desorden que tiene que ver con la respuesta natural de alarma del organismo: el miedo. Te recomiendo al respecto repasar el apartado de la primera parte del libro ("La psicología explicada"), llamado "Qué es la ansiedad, la depresión, los trastornos emocionales y la psicopatología". En él explicábamos, desde un punto de vista natural o biológico, qué es la ansiedad. Te adelanto que ansiedad es el nombre "científico" del miedo cuando este deja de ser funcional o adaptativo y se transforma en algo limitante y provocador de malestar subjetivo.

El miedo es el sistema de alarma del organismo, que compartimos con todas las especies animales. Es, con total seguridad, el principal responsable de que estemos hoy aquí comunicándonos a través de este libro y hayamos sobrevivido a los múltiples peligros que nos amenazaron durante nuestra larga travesía evolutiva por los bosques.

Cuando nuestros ancestros primitivos percibían un peligro, por ejemplo, un oso dispuesto a hacer de ellos su merienda, automáticamente su cerebro activaba la alarma, es decir, la respuesta de miedo. Básicamente se trata de un torrente químico-hormonal que es activado por la hipófisis (pequeña estructura cerebral en la base del cerebro) y, vía glándulas suprarrenales, se extiende por todo el organismo. Las hormonas son verdaderos agentes de dopaje, drogas naturales que preparan a nuestro organismo para emitir una respuesta muy intensa a favor de su supervivencia: la lucha o la huida.

Gracias a este "extra" químico, nuestro peludo antepasado era capaz de salir pitando cual expreso de Shanghái o, en un caso extremo, enfrentarse al oso. Las hormonas tienen un efecto potenciador del organismo a varios niveles:

- Neurológico: disminuye el tiempo de reacción y la capacidad de concentración, para favorecer las conductas de lucha o huida.
- Cardíaco: aumenta la frecuencia y la presión arterial, para dar oxigenación a los músculos y poder rendir de manera aumentada.
- Inmunológico: disminuye la respuesta inmunitaria, ya que todos los recursos están centrados en la amenaza.
- Digestivo: disminución de la actividad intestinal, por el mismo motivo que el efecto anterior.

Imaginemos que nuestro ancestro consigue huir a la carrera y se sube a un árbol. Tras un rato merodeando, el oso se da por vencido y se marcha. Entonces el cuerpo de nuestro amigo va volviendo gradualmente a su línea de base y recupera su equilibrio. Las sustancias hormonales segregadas van siendo eliminadas por el organismo mediante la orina y el sudor y todo queda en una especie de "resaca".

Hasta ahí, estupendo. Un buen sistema para la supervivencia de la especie, pero… nuestro antepasado se asustó tanto del encuentro con el oso que, desde entonces, no deja de soñar que es devorado por uno y se pasa el día dando vueltas a la idea de que, si se adentra en el bosque, otro oso va a aparecer y a atacarle o, peor aún, un oso o un tigre dientes de sable, o un mamut, o…, y entonces aparece la pregunta maldita de la ansiedad: "¿Y si…?". ¿Y si aquellas ramas que se mueven son un oso? ¿Y si el oso se quedó con mi olor y aparece en mi choza? ¿Y si muero prematuramente y dejo a mis hijos huérfanos? ¿Y si, y si, y si, y si…?

Nuestro alter ego prehistórico empieza entonces a sentir sensaciones mientras duerme o está comiendo con la tribu: taquicardias, vértigos, nudo en el estómago, falta de aire…, y empieza a tener problemas digestivos, de sueño, pérdida de apetito.

¿Te suena? Es un cuadro de ansiedad. ¿Qué ha pasado? ¿Cómo hemos pasado del miedo simple y beneficioso a la ansiedad limitante? Pues muy sencillo: el miedo se ha cronificado mediante la imaginación y el pensamiento, anticipando y dando vueltas a lo que podría pasar. Al cronificarse, las hormonas que antes nos ayudaban a afrontar el peligro empiezan a enfermarnos porque no se disipan del organismo y se vuelven tóxicas.

Además, al no estar ligadas las sensaciones corporales del miedo (taquicardia, sobreatención, presión arterial, aumento de la frecuencia respiratoria, etc.) a una situación objetiva, se viven subjetivamente como sensaciones extrañas, desagradables o "síntomas".

Pues esto es la ansiedad…, un desajuste del sistema de alarma. Se activa porque se ha sensibilizado a nuestro pensamiento anticipatorio de peligros y, además, se ha generalizado a múltiples temáticas en nuestra forma de vida:

- Identidad: no ser suficientemente bueno, válido o querible.
- Financiero: miedo a la pobreza, no tener dinero, etc.
- Médico: miedo a padecer enfermedades o a morir.
- Sucesos: miedo a que ocurran accidentes.

¿Cómo se trata la ansiedad en la terapia psicológica? Básicamente se ataca a sus dos componentes: la parte fisiológica (las sensaciones corporales) y la psicológica (los pensamientos anticipatorios distorsionados y la interpretación de los sucesos como amenazantes).

La ansiedad no es un trastorno en sí mismo grave, pero puede llegar a ser bastante incapacitante porque limita la vida de las personas, les ocasiona desajustes en sus relaciones con los demás o les impide un desarrollo personal y profesional pleno.

El plan que te presento es solo una propuesta, puedes hacerlo tal cual o combinar las técnicas que te vengan mejor a ti. Es importante también saber el origen de la ansiedad. Por ejemplo, puede que haya un **miedo exacerbado al fracaso,** con lo cual la ansiedad se manifestará en situaciones como fallar en el trabajo, entablar relaciones con posibles parejas, suspender exámenes, etc. Es por ello que técnicas como el análisis conciliatorio también pueden ser muy apropiadas para terminar de mejorarse porque se gestiona el origen.

Fíjate que al final el miedo es un **proceso condicionado,** un HPC como otro cualquiera, que, como sabes, está compuesto por una tríada de emoción, pensamiento y conducta. Por eso las técnicas y herramientas vistas en el libro son adecuadas. Todo lo que hemos visto no solo te ayudará a mejorar la ansiedad si ya la tienes, sino a prevenirla cortándole todos los vasos comunicantes de los que se alimenta.

### PLAN DE TRABAJO PARA LA ANSIEDAD

> ➢ Lo primero, ten claro que la ansiedad no es de "débiles" o de personas con una especie de "tara moral". Es un proceso relacionado de manera directa con el miedo. Hay que desarmarlo como hemos aprendido. El miedo es básicamente un proceso evaluativo: me veo o no me veo capaz de afrontar la situación.

## PLAN DE TRABAJO PARA LA ANSIEDAD

➤ Llevar un autorregistro de **"la observación inteligente"** a mano o digital del pensamientos y sentimientos al estilo del apartado de la técnica de la observación inteligente. Diario.

➤ Ejercicio de **desactivar creencias y pensamientos negativos** revisando los autorregistros de "la observación inteligente", o recordando situaciones del día relacionadas con la ansiedad. Lo más importante es la discusión de las creencias y pensamientos distorsionados, tanto los relacionados con la propia ansiedad ("voy a morir, nunca se me va a quitar, haré un número...") como los relacionados con la anticipación de situaciones temidas, las que sean ("me van a despedir, no me valoran, habrá un accidente...").

➤ Practicar la **respiración 4-7-8** cinco veces al día durante al menos 5 minutos cada vez. Cada vez que te sientas nervioso en una situación, incorpora la técnica **de manera encubierta.**

➤ **Ejercicio de reeducación y acompañamiento del Ego:** habla con tu Ego-niño, valora como está, préstale atención... En estos casos de ansiedad es bastante importante acompañarse, autotranquilizarse. Intenta averiguar si hay alguna necesidad o miedo detrás de tu ansiedad y que implique a tu Ego-niño.

➤ Intenta afrontar lo que te da miedo de manera gradual con tus herramientas. Lo peor que tiene la ansiedad es cuando consigue limitar nuestra vida.

### Los ataques de pánico y la agorafobia

Este es un subtipo de trastorno de ansiedad un poco más complicado porque implica que la persona tiene miedo a las propias sensaciones corporales de la ansiedad.

Cuando se trata de un trastorno de ansiedad clásico, se tiene miedo a múltiples situaciones externas, reales o imaginadas, como suspender un examen, perder a la pareja, ser despedido, etc. Sin embargo, el trastorno de pánico supone que la persona tiene "miedo al miedo", por lo que, cuanto más miedo tiene, más sensaciones corporales aparecen, más miedo, más sensaciones…, así hasta que, en pocos minutos, la persona se encuentra en picos muy altos en los que aparecen, por un lado, las sensaciones de ansiedad pero exacerbadas: sensación de ahogo, taquicardia, opresión en el pecho, hormigueo en brazos y piernas, vértigos…, y, por otro lado, se acompaña de una interpretación catastrófica de los síntomas, sobre todo miedo a morir, a volverse loco o a perder el control.

Tal y como ocurre con la ansiedad ante cualquier circunstancia, se tiende a evitar esas situaciones que la provocan. En el caso del pánico, como la persona **a lo que tiene miedo es a sus sensaciones corporales,** teme que se le reproduzcan en cualquier lugar donde no pueda ser asistida o refugiarse, por eso empieza a evitar cada vez más situaciones, sobre todo aquellas en las que sintió el pánico en el pasado. Es lo que se denomina agorafobia, y va limitando cada vez más la vida de la persona, que deja de salir de su "lugar seguro", que suele ser su casa, por miedo a que aparezcan las temidas sensaciones.

La complicación del trastorno de pánico viene del hecho de que, así como cuando las personas tenemos miedo a algo externo (como los perros o los ascensores, por ejemplo), podemos evitarlo con facilidad; en el caso de nuestras propias sensaciones esto no es tan sencillo, porque no podemos salir de nuestro cuerpo. Además, la interpretación catastrófica de las sensaciones aumenta cada vez más las propias sensaciones, entrando en una espiral que no es capaz de frenar.

Veamos algunas recomendaciones específicas para trabajar con el pánico.

## PLAN DE TRABAJO PARA EL PÁNICO Y LA AGORAFOBIA

> ➤ Es importante que sepas y tengas siempre presente que, una vez descartado que haya nada orgánico, nadie, en ningún lugar del mundo, ha muerto, enloquecido o ha perdido el control por un ataque de pánico. Es decir, las sensaciones, por muy desagradables que sean, son totalmente inocuas.

## PLAN DE TRABAJO PARA EL PÁNICO Y LA AGORAFOBIA

➤ Te puede ayudar practicar alguna técnica de respiración o relajación. De las aprendidas en el libro, la que más te puede ayudar es la técnica de respiración 4-7-8, haciéndola, por ejemplo, 5 veces al día durante 5 minutos (5 x 5) y cada vez que notes que la ansiedad te está aumentando.

➤ Mientras más trates de evitar las sensaciones corporales, paradójicamente, más probable es que aparezcan, pues la evitación o la intención de evitar le dan la señal al cerebro de aumentar la ansiedad, puesto que le indica peligro. Se trata de ir acostumbrándote a ellas e incluso aceptarlas.

➤ También es importante ir haciendo las cosas que estás evitando hacer (agorafobia). Para ello, puede empezar por pequeños "pasos de bebé", es decir, si te da miedo salir de casa sin acompañamiento, prueba a hacerlo a una distancia ridículamente corta, por ejemplo, aléjate diez metros del portal y regresa. Cuando seas capaz de realizar esta tarea con cero ansiedad, añade unos metros más, de forma gradual. No subas un nivel en tu conducta hasta que puedas realizar el anterior sin ninguna ansiedad. Si te da miedo conducir, divide la conducta en pasos muy, muy pequeños, bajando al garaje y, simplemente, permaneciendo dentro del coche con el motor parado cinco minutos. Cuando lo hagas sin ansiedad, puedes hacer lo mismo pero con el motor encendido; luego, sacándolo y metiéndolo en el aparcamiento; después, una vuelta dentro del garaje; luego, salir del garaje y entrar, y así sucesivamente.

➤ No descartes acudir a terapia con un psicólogo. Es un trastorno que se supera completamente, y si no puedes tú solo, lo harás con esta ayuda.

## RUPTURA DE LA PAREJA

Si hay un miedo ancestral grabado a fuego en nuestra naturaleza, ese es, sin duda, el de ser abandonado. Como seres sociales que somos, dependemos del grupo para nuestra supervivencia; no somos lobos solitarios, sino cazadores inteligentes, de trabajo en equipo y protección mutua.

No me voy a detener mucho en la biología del amor romántico y sus peculiaridades, porque eso sería otro libro, el cual, desde luego, no estoy capacitado para escribir.

Hoy en día las parejas se separan con cierta frecuencia, al menos mucho mayor que hasta hace cincuenta años. A pesar de que es un hecho habitual, no por esto deja ser algo bastante difícil de superar en general.

En mi opinión, esta situación de la ruptura o abandono (por lo general es uno de los miembros de la pareja el que decide dar la relación por finalizada) es una de las más claramente mediadas por una serie de creencias irracionales y distorsionadas, la mayoría socialmente aceptadas y exaltadas por los artistas de todos los tiempos. En este sentido, no es infrecuente que una típica canción de amor (o desamor) contenga afirmaciones del tipo:

- No puedo vivir sin ti (Coque Malla).
- Cuando no estás, pierdo el compás (Manolo Tena).
- El amor es nuestra resistencia (Muse).
- Estás presente en cada una de mis cosas buenas (Olga Tañón).
- Es por amor que todavía existen las cosas imposibles (Alexander Pires).
- Quiero decirte que te amo porque es mi única verdad (Laura Pausini).
- Cuando me toma entre sus brazos, veo la vida color rosa (Edith Piaf).
- No sé dónde terminará el viaje, pero sé por dónde comenzar (Avici).
- Vi que tu mirada ya estaba llamándome, muéstrame el camino por donde voy (Luis Fonsi).

- Antes que ver el sol prefiero escuchar tu voz (Coti).
- Quiero caer de las estrellas directo a tus brazos (Simply Red).

¿Te fijas? Da un poco de miedo. Parece que el amor es la fuente de toda la felicidad y del sufrimiento del mundo... "No puedo vivir sin ti" o "antes que ver el sol prefiero escuchar tu voz" llevan implícito el germen del sufrimiento. O estoy contigo, o el abismo..., y cuando estoy, no hay nada más que me pueda dar la felicidad.

Así es como nos ha dado por entender el amor y lo hemos investido de una serie de creencias, por supuesto de lo más irracionales:

- El amor es eterno.
- Para estar completo hay que tener pareja (media naranja).
- Tener pareja implica que debo hacer feliz al otro/a, y viceversa.
- Tener pareja da la felicidad, no se necesita nada más.
- Hay que hacer sacrificios denodados para mantener la pareja.
- Una ruptura es algo terrible, horrible y catastrófico.
- El ser humano está hecho para la pareja, somos monógamos por naturaleza.
- Debemos estar de acuerdo, sobre todo en temas importantes.

Podríamos seguir casi hasta el infinito. Visto lo visto, ¿cómo no va a uno a pensar que se asoma al abismo frente a una ruptura o abandono? De repente, me quedo sin sol, incompleto, sin rumbo ni compás, sin cosas buenas, sin verdades y hasta sin color rosa si te descuidas.

Todas estas creencias irracionales están insertas en nosotros en forma de HPC y nos hacen divagar continuamente sobre ellas, generándonos un estado no ya de una tristeza moderada, que sería normal por otra parte, sino de auténtica devastación; lo calificamos de muy malo, de algo terrible. Así que las principales técnicas para combatir esta situación se sitúan en la reestructuración y cuestionamiento de todas estas creencias y pensamientos.

## PLAN DE TRABAJO PARA LA RUPTURA DE PAREJA

> Llevar un autorregistro de **"la observación inteligente"** a mano o digital de pensamientos y sentimientos al estilo del apartado de la técnica de la observación inteligente. Diario. Debes dedicarte, sobre todo, a recoger los pensamientos y creencias que acuden a tu mente sobre todo en los malos momentos.

> Ejercicio de **desactivar creencias y pensamientos negativos** revisando los autorregistros de "la observación inteligente". Lo más importante es la discusión de las creencias y pensamientos distorsionados relacionados con la pareja y su pérdida ("nunca seré feliz, es culpa mía, soy un fracasado...").

> **Ejercicio de reeducación y acompañamiento del Ego:** habla con tu Ego-niño, valora como está, préstale atención... Es posible que detrás de tu dificultad para superar la ruptura haya algún miedo condicionado (HPC) que arrastras en tu Ego... Intenta descubrirlo. ¿Se siente abandonado? ¿Inválido? ¿Que no podrá seguir solo? Fíjate que todos estos son pensamientos más propios de un niño indefenso que de un adulto.

> **Escribir cómo te sientes en una hoja de papel:** repasa cómo realizar este ejercicio en el apartado de la quinta técnica, "capeando el temporal emocional".

> **Reflexionar sobre los beneficios de la experiencia negativa:** repasa cómo realizar este ejercicio en el apartado de la quinta técnica, "capeando el temporal emocional".

> Busca y descubre cuántas otras cosas están a tu alcance para ser feliz y tener una vida plena: personas, aficiones, trabajo, etc.

# EPÍLOGO

## FELICIDAD O VALÍA... ¿DÓNDE PONES LA MEDIDA DE TU ÉXITO?

En este apartado quiero exponerte un aspecto que considero muy importante para el bienestar emocional y la sensación de ser feliz. Se trata de **dónde pones tu objetivo de desarrollo.**

Debemos estar muy despiertos para determinar qué parte de mis metas y objetivos vitales son míos y cuáles son impuestos externamente, por intereses o presión social. Recuerda que gran parte de nuestros HPC son socialmente construidos y se nos inculcan durante el proceso de nuestro desarrollo. Le llamamos a ese proceso "educación" o "socialización".

No obstante, nuestra felicidad y bienestar debemos situarlos en elementos **internos** de los que tengamos un control. Este ha sido el objetivo de este libro: dotarte de los conocimientos y técnicas para que tengas una gestión efectiva de tus estados internos. Ese es tu reino, esos son tus dominios. Eso lo puedes manejar tú, seguro... Aunque solo si sabes cómo, claro.

Si te fijas en el título de este apartado, utilizo dos términos como contrarios: felicidad y valía. Quiero mostrarte que tu felicidad la defines tú, mientras que tu valía está definida externamente, en términos sociales. Son valores distintos que implican diferentes objetivos y acciones.

Vamos a explicar brevemente cada uno de estos valores.

Por **felicidad** las distintas escuelas filosóficas y la propia psicología entienden un estado interno, una actitud, si quieres, frente a la vida, o un estado o disposición del ánimo, que debe ser independiente de las circunstancias externas, las cuales no controlamos en casi ningún aspecto. Las cosas nos suceden, y listo, sin preguntarnos.

Dentro de esos estados internos que implica la felicidad, debemos **cultivar** algunos de los que ya hemos hablado a lo largo de las páginas de este libro. Se trata de observar y "copiar" a las personas que se autodefinen y comportan como personas felices. En ellas invariablemente encontramos, entre otras cualidades:

- Atención a lo positivo.
- Agradecimiento por lo bueno que tienen en el presente.
- Menos deseos y necesidades de poseer cosas, personas o títulos.
- Actitud de apertura y amor fraternal.
- Conducta prosocial.
- Racionalidad y mesura a la hora de evaluar los fenómenos externos.
- Expresión verbal con predominio de palabras positivas y afectivas, y muy pocas o ninguna queja.

Como ya te habrás percatado, el desarrollo de estas habilidades y comportamientos es, nada más y nada menos, de lo que trata este libro. Como describimos ya en la introducción, se trata de aprender a gestionar nuestros estados internos.

Esto no significa que no tengamos metas u objetivos más "externos" como mejorar en nuestro trabajo, tener pareja, seguridad económica, etc., sino que lo hacemos de una manera realista y racional, desde la conformidad con nuestra realidad presente y trabajando por sentirnos bien ahora. Gente despreocupada por el dinero, por ejemplo, los hay ricos y pobres.

No obstante, **la valía** personal viene muy definida por el exterior. Es decir, el valor que nos otorgamos a nosotros mismos y a los demás está marcado socialmente. Veamos algunos ejemplos y creencias que vamos interiorizando durante el proceso de socialización:

- Tener un buen trabajo.
- Tener pareja.
- Tener dinero.
- Tener "equilibrio emocional", entendido como que nada te afecte.

- Viajar.
- Ser independiente.
- Ser de derechas o de izquierdas.
- Tener cultura.
- Tener muchos amigos.
- Ser un/a padre/madre muy asertivo/a y motivador/a.

Sí, lo sé, hay valores contradictorios como "tener pareja" y "ser independiente". Esto es muy típico de nuestro tiempo, se fomenta una cosa y la contraria para poder segmentar a la población y que continúen estando bajo el paraguas de alguno de estos valores. Así controlan también nuestro consumo. Por ejemplo, las parejas comprarán unas vacaciones determinadas y los solteros o singles, como se les denomina hoy en día para segmentarlos, otras. Como no podemos controlar exactamente cuándo tendremos pareja y cuándo no, se generan unos parámetros de éxito que incluyen una y otra condición para que la gente sepa cuáles son sus metas y objetivos como soltero o como emparejado, por ejemplo.

Te recomiendo que repases el apartado del concepto "la mente y sus imágenes"; en él se detallaban una serie de creencias (imágenes) que damos muchas veces por verdaderas pero que no son más que construcciones socialmente aceptadas, "verdades oficiales".

Lo que se busca al final es el **control social,** no que la gente se sienta feliz. Y es que una persona feliz, como vimos en los párrafos anteriores, valora su mundo interno más que el externo, y si está satisfecho con lo que tiene y lo que es… ¿Quién comprará cosas? ¿Quién nos votará a nosotros siempre? Además, las personas felices hacen unas valoraciones más libres, mesuradas y racionales por estar menos bajo la influencia de los HPC, del automatismo. Por tanto, puede que hoy voten "A", mañana "B" y pasado "C", según lo que desapasionadamente van concluyendo, por ejemplo.

La sensación de necesidad y deseo desmesurados (infelicidad) nos lleva a situarnos en el pasado (tiempos mejores que fueron) y en el futuro (tiempos mejores que vendrán), y muy poco en el presente, que es **el único tiempo**

**en que podemos disfrutar de la vida.** Pero esta insatisfacción es mucho más llevadera para que otros, con sus intereses de grupo, nos lleven por donde quieren que vayamos.

No creas que estar internamente satisfecho te va a impedir tener motivación para lograr **TUS** objetivos o a convertirte en una persona sin "ambiciones" o necesidad de mejora. Lo que pasa es que serán **TUS** objetivos. Y tendrán siempre el filtro de tu bienestar emocional.

Es posible, si haces esto, que haya situaciones en la que no pertenezcas a ningún rebaño, pero, bueno, la vida es tan corta…

Quiero dejar claro que este apartado no implica que esté en contra de estar en este mundo, ni que haya que ser un asceta o un ermitaño, no. Se trata de estar en él lo mejor posible y tener una medida del éxito realista y alcanzable porque depende de nosotros (estados internos).

Esta es la idea del libro y lo que te ayuda a comprender y a entrenar.

# REFERENCIAS BIBLIOGRÁFICAS

• *Análisis Transaccional en Psicoterapia,* Eric Berne. Editorial V Siglos, 1977.

• *Yo estoy bien, tú estás bien,* Thomas A. Harris. Grijalbo Mondadori, S.A.-Junior, 2000.

• *El yo atormentado,* Onno van der Hart, Ellert Nijenhuis, Kathy Steele. Ed. Desclée de Brouwer.

• *Carácter y neurosis: una visión integradora,* Claudio Naranjo. Ed. LaLlave.

• *Fundamentos biológicos de la personalidad,* Hans J. Eysenck. Ed. Fontanella.

• *Terapia cognitiva de la depresión,* Aaron T. Beck. Ed. Desclée de Brouwer.

• *Manual de terapia racional emotiva,* Albert Ellis, Rusell Grieger. Edit. Desclee de Brouwer.

• *Speech and Brain Mechanims,* Wilder Penfield, Lamar Roberts. Princeton Le gacy Library, 1959.

• *59 segundos,* Richard Wiseman. RBA Ediciones.